기초경제학 ①

미시경제 이야기

이 종 호 저

남두도서

남두(南斗) : 남두육성(南斗六星)

은하의 중심인 사수자리에 있는 국자모양의 여섯 개의 별로서, 인간의 탄생을 결정하는 별로 알려져 있다.

머 리 말

오늘날 우리 삶의 환경은 치열한 경쟁구도로 변모한 지 오래다. 이미 1997년 말 외환위기를 경험한 이후 경제적 위기 상황이 삶의 방식 전체를 바꿔 놓았던 경험을 갖고 있는 우리로서는 그때의 상황이 생활 속에서 경제의 중요성을 깨닫게 하기에 충분하고도 남음이 있었다.

세계화와 정보화의 흐름 속에서 경제의 중요성, 아니 경제현상에 대한 이해와 안목이 이제는 더 이상 전문가나 관련 분야 종사자만의 몫이 아님을 우리는 잘 알고 있다. 쉽게 접하는 대중 언론매체에서도 경제뉴스와 경제정보의 비중이 높아지고 있으며, 신문과 방송에서 비중 있게 다루는 경제관련 뉴스는 이제 톱뉴스로서 굳건히 자리 잡게 되었다. 2008년 초 우리가 치른 대선에서도 최대 이슈는 경제문제였으며, 경제문제의 해결이 국민의 최대 관심사였음을 우리는 기억하고 있다. 이렇듯 경제문제는 국가정책의 우선순위일 뿐만 아니라 국민의 최대 관심 분야가 되어 버렸다.

위기에 처했을 때 그것의 중요성을 깨닫게 마련인 것처럼 우리도 외환위기 이후 경제의 중요성을 이미 인식한 바 있다. 이제 2008년 9월 우리에게 닥쳐온 글로벌 금융위기는 또 다시 경제, 특히 금융의 중요성을 뼈저리게 인식시켜 주었다.

이러한 시대적 환경 속에서 연일 대중 언론매체에서는 경제정보와 뉴스를 쏟아내고 있으며 일반인을 대상으로 알기 쉽게 경제현상을 설명해 주는 코너가 대폭 확대되었다. 또한 일반인을 대상으로 한 경제서적도 시중에 많이 출판되고 있다.

이 책 역시 일반인 및 처음 경제학을 접하는 독자를 위한 입문서로 집필되었다. 이 책은 총 3권으로 구성되어 있다. 제1권은 미시경제 부문을, 제2권은 거시경제 부문을, 제3권은 국제경제 및 산업정책 부문을 다루었는바 각각 해당 분야 가운데 핵심적 내용을 기초수준에서 논의하였다.

이 책은 우선 기존에 출판된 경제입문서 혹은 생활경제서의 장점을 동시에 제공해 주기 위해 '핵심 기초이론'편과 '시사경제 초점'편으로 나누어 구성하였는바, 기초이론을 공부한 후 이를 토대로 현실경제를 다루어 봄으로써 관련 사항을 자연스럽게 복습하게끔 유도하였다. 두 번째 특징은 이 책을 읽는 독자로 하여금 스스로 찾아서 필요한 부분을 보충할 수 있도록 유도한 강의용 교재라는 점이다. '핵심 기초이론'편에 제시된 내용 가운데 설명이 부족한 부분 내지 생략된 부분은 관련 교재 혹은 인터넷을 활용하여 필요한 내용을 보충해서 확인해 보길 바란다.

물론 3권 모두 각각 한 학기용 교재로서 기초경제이론과 시사경제 부문을 동시에 다루기 위해 작성된 책이기 때문에 이러한 구성이 이 책의 한계일 수도 있지만, 공부는 스스로 찾아서 확인하고 이해하는 과정이 중요하기 때문에 오히려 경제를 이해하려는 독자들에게 또 다른 장점으로 작용할 수도 있음을 감히 기대해 본다.

이 책의 집필을 위해 저자는 수년간 강의해 온 강의내용, 기존의 경제입문서, 그리고 한국개발연구원과 한국은행의 경제교육자료를 주로 활용하였다. 경제입문서에 반드시 포함되어 있는 그래프 혹은 수식 표현을 최소화한 가운데 책을 집필하였다. 논의과정에서 포함될 수밖에 없는 사항임에도 과감하게 최소화함으로써 독자들 입장에서 이해하기 불편할 수도 있지만 다른 시각에서 보면 입문과정에서 반드시 짚고 넘어가지 않아도 기초경제학의 흐름을 이해하는 데 큰 어려움이 없다고 판단하여 이 부분을 최소화하였음을 밝혀 둔다. 사실 우리가 현실경제 내지 기초경제이론을 설명함에 있어 그래프나 수식을 이용하여 상대방에게 설명하는 것은 아니라는 점을 생각해 볼 때 서술적 표현을 통한 기초경제학의 이해가 독자들에게 설명력과 이해력을 높이는 데 도움이 될 수도 있다고 생각한다.

일반인 혹은 경제학을 처음 접하는 독자들에게 경제현상에 대한 이해와 관심, 더 나아가 기초경제이론의 개괄적 내용을 습득하게 하는 것이 이 책의 목표인 만큼 저자로서는 이것만 달성된다면 더 이상 바랄 것이 없다.

아무쪼록 이 책이 경제학을 처음 접하는 모든 독자들에게 경제에 대한 흥미와 관심을 촉발케 하여 경제학을 본격적으로 공부하는 계기로 작용했으면 하는 바람을 가져 본다. 앞으로 관심 있는 많은 분들의 훌륭한 평을 겸허히 받아들여 좀 더 나은 책을 쓰려고 한다. 아낌없는 성원과 많은 지도편달을 부탁드리는 바이다.

끝으로 이 책의 출판을 흔쾌하게 허락해 주신 남두도서의 남승우 사장님 이하 출판사 관계자 분들에게 깊은 감사를 드린다.

저자 올림

차 례

제 I 편

핵심 기초이론_9

제 II 편

시사경제 초점_147

제 I 편

핵심 기초이론

제 1 장__경제학이란

제 2 장__경제구조

제 3 장__시장메커니즘

제 4 장__수요와 공급의 탄력성

제 5 장__소비이론

제 6 장__소비자의 선택 : 한계효용이론

제 7 장__투자이론

제 8 장__기업의 생산활동

제 9 장__시장의 유형과 특징

제10장__시장실패와 정부의 역할

제11장__또 다른 미시경제 영역

제 1 장

경제학이란

(1) 경제학이란

1) 경제학의 기본성격

- 실업이나 인플레이션은 물론 경제성장, 빈곤, 환율, 노사관계, 경쟁과 독점, 환경오염, 조세 등 우리의 관심을 끄는 모든 경제문제를 연구대상으로 삼고 있음.
- 인간의 물질적 욕구를 충족시키기 위해 희소한 자원을 어떻게 활용할 것인가를 연구하는 학문
- 선택의 문제로 고심하는 과정이 바로 '경제하는' 과정이라고 말할 수 있으며, 경제학은 바로 이 선택의 문제를 주요한 연구대상으로 삼고 있음.
  - 주어진 자원을 이용해 사회 구성원의 물질적인 풍요를 가장 크게 할 수 있는 방법을 찾는 것이 경제학이라고 할 수 있음.

2) 합리적 선택의 기초

- 합리성의 개념 : 경제학에서 추구하는 올바른 선택의 전제조건임.
  - 수단의 합리성을 뜻하는 것일 뿐, 목표 그 자체의 합리성 혹은 윤리성과는 별 관련이 없음.
  - 다시 말해 어떤 목표가 주어졌다고 할 때 어떻게 하면 이를 가장 효율적으로 달성할 수 있는지와 관련된 합리성이라는 뜻임.
- 경제적 선택의 기준
  - 효율성(efficiency) : 효율성 또는 경제성이란 최소의 비용으로 최대의

효과를 얻는 것을 말하는 것으로, 다시 말해 효율적 상태란 더 나은 경우가 존재하지 않는 상태, 즉 더 나은 효과를 얻기 위해서는 반드시 더 높은 비용을 초래해야만 하는 상태를 말함.

⇒ 현실적으로는 비용과 수익의 계산(cost-benefit analysis)을 통해 얻어질 수 있음.

- 형평성(equity) : 사회 구성원 간의 형평성도 경제학에서 선택의 기준으로 삼고 있는 중요한 요소임.

- 기회비용과 매몰비용

  - 기회비용 : 회계비용(실제로 지출된 갖가지 명목의 비용)과는 달리 실제로 지출하지 않았다 해도 비용의 성격을 갖고 있으면 모두 비용에 포함시키는 포괄적 비용의 개념으로서 일반적으로 말해 어떤 행위와 관련된 기회비용은 그것을 함으로 인해 포기해야 하는 여러 행위 중 가장 큰 가치를 갖는 행위의 가치로 측정할 수 있음.[1)]

    ⇒ 경제적 비용 = 회계적 비용 + 기회비용

  - 매몰비용 : 일단 지출된 뒤에는 어떤 선택을 하든지 다시 회수할 수 없는 비용을 뜻하는데, 어떤 행위를 할 것인지의 여부를 결정할 때는 이미 지출된 매몰비용을 고려대상으로 삼지 말아야 합리적 선택을 할 수 있음.

3) 경제적 자원과 생산가능곡선

- 경제적 자원

  - 넓은 의미 : 우리가 아껴 써야 하는 모든 것을 뜻함.
  - 좁은 의미 : 노동이나 자본처럼 생산과정에 투입되어 우리가 소비하는 상품으로 변화될 수 있는 생산요소를 뜻함.

- 생산가능곡선

  - 생산기술이 주어져 있고 사용 가능한 생산자원의 양도 고정되어 있다

---

1) 한마디로 상실된(포기된) 기회(lost opportunity)를 비용(cost)으로 간주. 회계적 비용도 기회비용 속에 포함시켜 설명하는 경우도 있음. 중요한 것은 사람들의 의사결정에 회계적 비용뿐만 아니라 기회비용도 포함되어야 한다는 점임.

는 전제하에서 도출된 것으로 한 경제에서 최대한으로 생산해 낼 수 있는 상품의 조합을 나타내는 곡선임.

⇒ 다시 말해 생산활동이 효율적으로 이루어졌을 때 얻을 수 있는 상품의 조합을 나타내는 곡선임.

- 한 나라가 가용자원을 모두 사용하여 생산할 수 있는 소비재와 생산재의 조합의 예는 [그림 1-1]과 같음.

[그림 1-1] 생산가능곡선2)

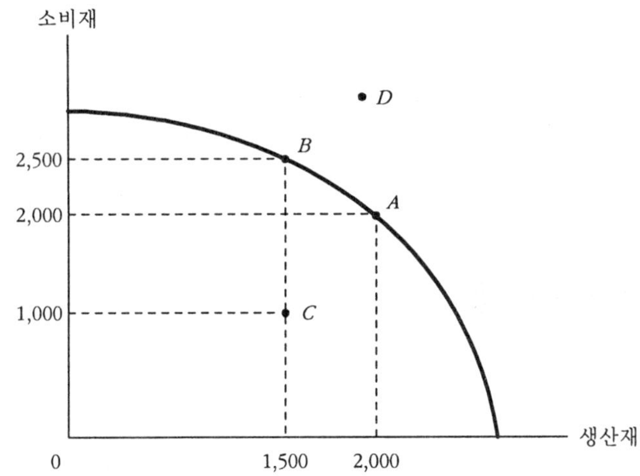

2) *B*점은 *A*점에 비해 더 많은 소비재를 생산하고 있지만 생산재의 양은 줄어들게 됨. 즉 소비재를 더 생산하기 위해서는 생산재를 포기해야만 함. 어느 나라든지 소비재의 생산을 늘리기 위해서는 반드시 생산재의 생산을 줄여야만 함. 한편 *C*점처럼 생산가능곡선의 내부에서 생산이 이루어졌다면 이는 주어진 자원을 모두 활용하지 않았거나 또는 효율적으로 활용하지 못했음을 의미함. 그리고 생산가능곡선의 밖에 있는 *D*점은 주어진 자원을 가지고 생산할 수 없는 영역인데, 생산역량을 증대시키면 장기적으로 *D*점에 도달할 수 있게 됨.

• 모든 사회가 직면하는 경제적 목표
  ▲ 기술적 효율성(생산가능곡선 상의 모든 점들은 기술적 효율성을 달성한 점들임)
  ▲ 경제적 효율성(생산가능곡선 상의 점들 중에서 어느 점에서 생산할 것인가를 결정하는 것인데, 바로 사회 구성원의 후생을 극대화 시킬 수 있는 점을 경제적 효율성을 달성한 점이라고 함)
  ▲ 경제성장(생산가능곡선을 밖으로 확장 · 이동시키는 것을 말함)[3)]

4) 국민경제의 기본골격

- 세 경제주체 : 가계, 기업, 정부

- 세 가지 주요 과제
  • 무엇을(what) 생산할 것인가? ⇒ 상품구성
  • 어떤 방법으로(how) 생산할 것인가? ⇒ 생산방법
  • 생산한 상품을 누구에게(for whom) 배분할 것인가? ⇒ 상품분배

(2) 경제학 연구의 방법

1) 이론이란

- 과학에서의 이론은 현실에 존재하는 여러 변수들 사이의 관계를 의도적으로 단순화시켜 놓은 것을 뜻하는데, 이처럼 현실의 관계를 의도적으로 단순화하는 것은 그래야만 현실을 체계적으로 이해할 수 있기 때문임.

- 관찰되는 그대로의 현상들은 너무나 복잡해 이해하기가 무척 힘들기 때문에 현실을 제대로 이해하기 위해서는 중요한 측면만을 추려 단순화하는 작업이 먼저 이루어져야 함.

---

3) 시간이 흐름에 따라 생산기술이 개선되기도 하고 사용 가능한 생산자원의 양이 늘어나기도 하는데, 이것이 바로 경제성장이라고 부르는 과정임. 폴 크루그만(Paul Krugman)은 기술혁신을 통해서 경제성장을 달성하는 것이 진정한 경제성장이라고 언급하였음.

- 현실의 중요한 측면만을 추려 단순화한다는 것은 비교적 덜 중요한 측면을 고려대상에서 제외하는 것을 말함.

- 이론화의 작업을 통해 우리는 현실에서 관찰한 현상의 배후에 숨어 있는 규칙성을 발견하게 됨. ⇒ General Pattern을 설명
  - 그와 같은 규칙성의 발견을 통해 현실에서 일어나는 일의 원인과 전개과정, 그리고 결과를 체계적으로 이해할 수 있는 능력을 갖출 수 있음.

- 성공적인 이론이라면 앞으로 일어날 일에 대한 예측까지 가능하게 해 줌.
  - 각 경제지표의 정확한 수준을 예측을 위해서 통계자료를 가지고 계량경제적 기법으로 추정하지만 실제로는 발표기관에 따라 많은 차이를 보이는 것이 현실임.[4)]

2) 경제모형

- 경제이론은 경제모형이라는 구체적 형태로 표현되는 것이 보통

- 경제모형
  - 현실경제를 단순화해 축소시켜 놓음으로써 경제가 어떻게 움직여 가는지 이해하기 쉽게 만들어 놓은 것을 말함.
  - 경제모형은 수식, 그림, 말 중 어떤 형태로 표현해도 되나, 대개 수식의 형태로 표현되는 경우가 많음.
  - 수식을 그림으로 바꿔 표현할 경우도 있는데, 그림은 누구나 쉽게 이해할 수 있어 이 방법도 자주 활용되고 있음.

- 경제모형의 기본골격
  - 변수 : 여러 가지 다른 값을 취할 수 있는 수를 뜻함.
  - 가정 : 일반적으로 경제모형은 우리가 관심을 갖고 있는 변수들의 행태 혹은 경제주체의 동기 등에 대한 일련의 가정으로부터 출발하는

---

4) 예측의 정확성이 바로 경제연구기관의 신뢰성 및 위상에 결정적인 영향을 미침.

데, 어떤 것에 대해 분명하게 잘 모를 때 이러이러할 것이라고 일단 인정하는 것을 의미

- 가설 : 분석의 결과로서 얻어지는 명제를 뜻하며 조건부적인 예측의 형태를 갖는 경우가 많은데, 어떤 일이 일어나면 어떤 결과가 나타날 것이라는 형식으로 표현될 때가 많음.

- 상관관계와 인과관계
  - 상관관계 : 한 변수와 다른 변수 사이에 어떤 체계적인 관계가 성립할 때를 말함.
  - 인과관계 : 한 변수에 생긴 변화가 다른 변수의 변화를 유발하는 원인과 결과의 관계를 갖는 경우를 의미
  - 두 변수가 어떤 관계를 맺고 있다 해서 그것이 반드시 원인과 결과의 관계일 필요는 없음.

3) 경제이론의 구분

- 미시경제이론과 거시경제이론
  - 미시경제이론은 개별경제 주체의 선택과 개별시장의 움직임에 관심의 초점을 맞추는 반면, 거시경제이론은 경제 전반의 움직임에 관심을 가짐.
  - 경제에 대한 올바른 이해를 위해서는 두 이론이 상호보완적인 역할을 해야 함.
  - 근래에 들어오면서 양자가 서로 유기적인 관계를 맺고 있음이 강조되어 하나를 잘 알아야만 다른 것도 잘 알 수 있다는 인식이 싹트게 되었음.

- 실증경제이론과 규범경제이론
  - 실증경제이론은 있는 그대로의 현실을 분석하는 데 주안점을 두는 반면(예를 들어 국제 수지에 적자가 발생했다고 할 때, 그것이 어떤 이유로 발생했으며 어떤 귀결을 가져올지를 객관적으로 분석하는 데만 관심을 갖고 있음), 규범경제이론은 어떻게 하는 것이 바람직한지의

차원에서 경제문제를 논의하는 특징을 갖고 있음.

• 현실의 경제현상을 해석하는 것이나 정책을 처방하는 일을 둘러싸고 경제학자들이 견해를 달리하는 경우가 많은데, 이와 같은 견해차는 지식의 불완전성 때문일 수도 있고 가치 판단의 차이에서 나올 수도 있음.

참 | 고 | 자 | 료

(1) 이준구 · 이창용(2007), 《경제학 들어가기》, 법문사.
(2) 김승욱 외(2008), 《알짬 시장경제》, 박영사.

제 2 장

경 제 구 조

(1) 경제구조

- 경제는 크게 실물부문의 실물경제와 화폐(금융)부문의 화폐경제로 구분

1) 실물경제

- 실물경제란 물건이나 서비스를 받은 대가로 돈을 지불하는 행위를 통틀어 말함.

- 다시 말해 재화나 서비스가 생산, 소비, 분배되는 경제활동, 즉 기업의 생산활동, 개인의 노동과 소비, 유통업체의 판매행위 등 실제로 부가가치를 창출하는 경제활동을 말함.
  - 돈의 흐름과 운용을 의미하는 '화폐(금융)경제'의 대립 개념으로서 실물경제의 침체란 이러한 생산, 소비, 판매 활동이 위축돼 가치 창출의 총량이 준다는 뜻임.

- 가락시장이나 남대문시장 같은 곳이 실물경제가 이루어지는 대표적인 곳임.
  - 일례로 아이들이 과자를 사는 것이나 어른들이 자동차를 사는 것, 또는 전화요금을 내는 것이나 미장원에 가서 머리를 한 뒤 돈을 내는 것처럼 서비스를 받은 대가로 돈을 지불하는 것 등을 말하는데 후자의 경우는 눈에 보이지 않는 서비스도 '상품'으로 간주하여 돈을 지불하는 것임.

2) 화폐경제

- 화폐경제란 돈이 상품처럼 사람들 사이에서 거래되는, 즉 물건이나 서비스를 주고받음 없이 돈만 오고가는 시스템인 돈거래 행위를 통틀어 말함.
  - 일례로 돈이 주식 등의 유가증권으로 모습을 바꾸어 시장에서 유통되는 경우 등을 말함.

- 오늘날에는 통신의 발달이나 신용거래의 보급에 힘입어 화폐경제가 급성장
  - 이러한 현상은 돈의 교환이 그만큼 더 복잡해지고 있다는 것을 의미
  - 이에 따라 돈이나 주식을 취급하는 금융기관의 역할도 한층 커지고 있음.

3) 한국의 경제구조

- 일국의 경제구조가 건실하기 위해서는 실물경제와 화폐경제가 경제의 양 축을 형성하면서 대등한 입장에서 상호보완적인 관계 속에서 작동되어야만 함.

- 그런데 한국경제는 과거 실물위주의 경제구조를 보였다고 할 수 있는바, 다시 말해 수출지상주의를 표방하면서 중앙정부 주도의 대표적인 관치경제 속에서 고도성장을 이룩해 냈음.
  - 이런 과정 속에서 금융부문은 실물부문의 하위개념으로 전락했으며, 기능 역시 초보적인 자금중개 기능에 머물러 있었음.
  - 다시 말해 관치금융의 그늘 속에서 자율성이 상실된 채 실물경제를 뒷받침해 주는 보조적 기능을 담당해 왔다고 볼 수 있음.

- 실물위주의 경제를 지향해 오다가 결국 실물부문의 부실이 자율성을 상실한 금융부문의 부실로 이어지면서 우리는 IMF 외환사태를 맞이했다고 볼 수 있음.

- 현재 자본자유화 및 금융자율화의 추세로 대표되는 금융환경의 변화를 맞이하면서 금융부문 역시 치열한 경쟁적 시장구조로 재편되게 되었으며, 이에 금융기관도 사기업과 마찬가지로 이윤추구를 지향하는 쪽으로 운영하지 않으면 시장에서 퇴출될 수밖에 없게 되었고 우리는 이러한 현상을 현실경제에서 경험하고 있음.
  - 따라서 앞으로 선진금융기법의 도입 등을 통한 금융기관 간 경쟁이 한층 더 치열해질 것으로 예상

(2) 경제주체

1) 경제주체란

- 경제주체란 경제행위를 수행하는 개인이나 집단을 말하는데, 여기서 경제행위란 재화와 서비스를 생산, 교환, 분배, 소비하는 행위를 말함.

- 경제주체는 크게 정부, 기업, 가계(가정)로 나뉘며, 이들 경제주체는 각기 서로 돈과 서비스를 교환함.
  - 일례로 샐러리맨 가정이 기업으로부터 받은 임금의 대부분은 의복비나 식비 등으로 사용되어(소비되어) 국가나 기업으로 환원됨.

2) 경제주체의 경제행위

- 가계(소비의 주체)의 주요 의사결정행위
  - 소비
  - 생산요소의 공급(노동력의 공급, 저축을 통한 자본의 공급 등)
  - 자산소유(화폐, 채권, 주식 등)
  - 국가에 세금을 내는 행위(탈세사건은 '세금을 내지 않으면서 사회적 서비스를 훔치는 것'과 마찬가지이며, 본질적으로는 '돈을 내지 않고 음식을 먹는 것'과 하등 다를 바 없는 행위임)

- 기업(생산의 주체)의 주요 의사결정행위

• 재화 및 서비스의 생산공급
• 재화 및 서비스의 수요(투자를 의미)
• 생산요소에 대한 수요(노동과 자본에 대한 수요는 회사채 발행을 통해 이루어짐[5])

- 정부(민간경제를 조정 · 규제하는 경제정책의 주체)의 주요 의사결정행위
  • 재화 및 서비스의 생산공급(공공재)
  • 재화 및 서비스의 구입(정부지출)
  • 세금을 거두어들이는 행위(조세수입) ⇒ 만약 정부지출이 조세수입보다 크다면 국공채 발행 등을 통해 재원 마련

- 해외부문(4대 경제주체라고 하면 해외부문을 포함)
  • 여기서 해외부문이라 함은 국민경제가 타국과 거래할 때 다른 나라의 가계, 기업, 정부를 포괄해서 사용하는 개념임.[6]

(3) '경기가 좋다'는 것의 의미

1) 현상적 측면

- 경기란 경제활동상태를 말함.
- 우선 다음과 같은 쉽게 눈에 띄는 몇 가지 사실을 통해 경기가 좋다는 느낌을 가질 수 있음.
  • 일이 바쁘다든지, 신제품의 품질개선 주기가 짧아지는 경우, 신입사원을 한 번에 많이 채용할 때, 여행 등 레저산업의 매상이 올라가거나

5) 기업의 자금조달방식은 다음과 같음. 부족한 자금을 마련하는 방법은 크게 두 가지로 나뉘는데, 한 가지는 은행을 통한 '간접금융'이고 또 하나는 주식 · 채권 시장을 통한 '직접금융'임. 은행에서 돈을 빌리는 것을 간접금융이라고 하는 까닭은 ① 돈을 가진 사람이 여유자금을 맡기면, ② 은행이 그 여유자금을 기업에 빌려주는 두 단계의 절차를 거치기 때문임. 투자자가 자기 돈이 흘러들어가는 기업을 직접 알지 못하는 상태에서 돈의 흐름이 결정되는 셈임. 반면에 주식이나 채권시장에서는 투자자들이 직접 그 기업의 주식이나 채권을 사기 때문에 '직접금융'이라고 함. 투자자들이 돈을 빌려주거나 투자할 기업을 '직접' 고를 수 있다는 의미임.
6) 가계+기업 : 민간경제, 민간경제+정부 : 국민경제

잔업이 많아지고 기업의 수익이 늘어나는 등의 상황을 열거해 볼 수 있음.

2) 기업의 경우

- 기업의 경우에는 '이익률의 향상'이 그 지표로 됨.
  - 경기가 좋을 때 소비자는 값이 다소 비싸더라도 물건을 사게 되므로 이익률이 높아지는데, 이것이야말로 기업으로서는 신명나는 일이며 또 소비자의 기호도 다양해져 신상품을 찾게 되므로 새로운 자금을 사업을 확장하거나 다변화하는 데 투자하게 됨.
  - 물론 노동력에 대한 수요도 늘어나 고용이 증대하게 됨.
  - 이렇게 되면 소비가 더욱더 촉진됨.

3) 국가의 경우

- 우선 임금이 오르기 때문에 소득세나 법인세 등의 세수입이 늘어남.
- 또한 기업의 활동이 활발해져 선행투자 자금의 수요가 늘어나게 됨에 따라 금리가 올라감.
- 나아가 해외무역이 흑자를 기록하게 되어 원화가치가 상승(왜냐하면 달러공급 증대 → 달러가격 하락 → 원화가치 상승)

4) 시사점

- 이상에서 우리는 가정, 기업, 국가로 이루어진 경제주체가 상호간에 밀접히 연관되어 있음을 알 수 있음.

• 기본적으로 수요와 공급이 일치하는 상태에서 균형가격이 결정되며, 이렇게 결정된 시장균형가격이 시장기능을 작동케 해주는 일종의 신호등 역할을 하게 되는 것임.

- 자유시장경제 아래에서는 정부가 정책을 펴지 않아도 경기는 기본적으로 변동, 순환함.
  • 그러나 지나치게 변동이 큰 것은 좋지 않기 때문에 정부는 금리를 올리거나 내리는 등의 정책을 펴서 경기를 조절하는데, 이것이 이른바 금융정책임.
  • 이밖에 정부는 재정정책(정책수단 변수로서 정부지출이나 조세수입을 사용)이나 외환정책 등을 사용함.

- 경기변동의 전형적인 양상과 그 원인을 연구하는 이론을 경기변동이론이라고 하는데, 대체로 경기순환은 일정한 유형을 띠고 있음.

- 경제학에서는 일반적으로 기업의 재고투자 변동 때문에 일어나는 단기순환(키친순환, Kitchin cycle), 기업의 설비투자 변동 때문에 일어나는 중기순환(주글러순환, Juglar cycle), 기술후퇴 등으로 인한 장기파동(콘트라티에프 장파, Kondratiev's wave) 등으로 나누어 설명
  • 투자수요의 경우, 총수요 항목 가운데 가장 변동이 큰 항목이므로 경기변동의 주된 요인으로 주목받아 왔음.
  • 주기의 장단에 따른 구분이라고 할 수 있음.

2) 단기순환

- 3~5년을 주기로 하는 경기변동이며, 발견한 사람의 이름을 따서 키친순환이라고도 함.

- 재고투자의 메커니즘(통화공급이나 이자율의 변동, 기업의 재고변동 등에 따라서 일어나는 단기적인 순환)
  • 타경기가 호황일 때는 상품이 잘 팔리기 때문에 기업은 공급이 달릴 것에 대비, 생산을 확대하여 재고량을 늘림.

• 그러나 생산이 지나치게 확대되면 재고량이 수요보다도 많아짐.
• 그러면 기업은 생산과 구입을 축소하고 재고량을 줄임.
• 이와 같이 기업의 활동이 위축되면 시중의 돈이 묶이는데, 그러면 가정이나 정부에서도 돈이 돌지 않아 경기는 점차 나빠짐.

3) 중기순환(주글러순환)

- 이는 기업의 설비투자 변동 때문에 일어나는 8~10년을 주기로 하는 경기순환을 말함.

- 설비투자의 메커니즘
  • 경기가 좋으면 기업은 설비투자를 늘려 사업을 확장하며 은행으로부터 차입도 늘림.
  • 이렇게 되면 금리가 오르고 근로자의 임금도 올라서(노동수요 증대로 인해) 경영을 압박하게 됨.
  • 이에 다시 기업은 설비투자를 줄이는 등 몸을 움츠리게 됨.
  • 오래지 않아 금리가 내려가면 기업은 돈을 빌리기가 쉬워지고, 소비자는 돈을 저축하기보다는 상품을 사는 데 쓰게 되어 경기가 호전됨.

4) 콘트라티에프 장파

- 50~60년을 주기로 하는 콘트라티에프 장파는 전쟁과 혁명 등의 사회변동이나 기술의 발명, 지리적 발견 등에 의해 일어나는 순환임.

- 자본주의 경제는 지난 200년 동안 약 50년을 주기로 하여 세계적 규모의 장파를 겪어 왔음.

- 장파는 여러 가지 경제적·경제외적 요인이 복합되어 일어남.
  • 전쟁이나 혁명 등의 요인에 중점을 두고 보면 제1차 장파는 나폴레옹 전쟁, 제2차 장파는 보불전쟁과 남북전쟁, 제3차 장파는 제1차 세계대전을 정점으로 하여 형성되었음.

• 기술발명 등의 요인에 중점을 두고 보면 제1차 장파는 산업혁명, 제2차 장파는 철강 · 철도 등의 기술혁명, 제3차 장파는 석유 · 자동차 · 전기 등의 기술혁명에 의해 형성되었다고 볼 수 있음.

(6) 미시경제의 의미

1) 사전적 의미

- 미시경제에서 미시란 영어로 '마이크로'로서 원래 '극소'라는 의미이기 때문에 미시경제라 함은 경제를 '미시적'인 관점에서 바라본다는 뜻임.
  • 이는 나라 전체의 경기나 물가의 오르내림 등과 같은 큰 시각으로 경제를 보는 것이 아니라 가정의 소비자나 현장의 생산자들, 개별기업의 활동에까지 파고 들어가서 경제를 미세하게 바라보는 사고방식을 말함.

2) 미시경제의 분석대상

- "나 한 사람이 무엇을 바라고 있건 그것은 세상의 움직임에 아무런 영향도 미치지 않는다"고 생각할지도 모르지만 사회 전체의 수요와 공급을 분석해 보면, 소비자의 활동이 대단히 큰 의미를 갖고 있음을 알 수 있음.
  • 일례로 어느 개인이 자기 소득으로 어떤 재화를 얼마나 구매하는 것이 가장 행복할까, 또는 기업이 무엇을 얼마만큼 생산해서 얼마 받고 파는 것이 가장 이윤이 많이 생길까 하는 등의 경제문제를 연구대상으로 함.
  • 기업의 경우만 보더라도 신제품을 출하하거나 새로운 사업을 시작할 때는 소비자나 사용자를 상대로 대대적인 마케팅 조사를 하고, 그 결과에 기초하여 가격이나 생산량을 결정함.
  • 또한 이미 판매된 상품에 대해서도 가격 · 만족도 등에 대한 소비자의 판단을 기준으로 어느 상품이 얼마만큼 팔렸는가를 조사함.

- 이와 같이 미시경제는 가정과 기업을 분석대상으로 함.
  - 다시 말해 가계와 기업의 의사결정과정을 분석하고 이들이 시장에서 어떻게 상호작용하는가를 연구하는 분야임.

(7) 거시경제의 의미

1) 사전적 의미

- 미시경제에 대칭되는 것이 거시경제로서 매크로 경제는 국가경제 전체를 연구대상으로 함.
  - 특히 경제 전체를 나타내는 국민소득, 물가, 이자율, 환율 등과 같은 주요 거시경제 변수들 간의 관계, 경제정책이 이들 변수에 미치는 영향, 경제의 운용방식 등이 거시경제의 주요 관심사

2) 거시경제의 분석대상

- 간단히 말해서 가정, 기업, 국가라는 세 경제주체가 상호 관련되어 있는 집단적이고 총체적인 경제행위를 분석대상으로 삼고 있음.
  - 경제지표라는 필터를 통해 국가경제의 흐름 및 움직임을 파악하려는 것임.
- 결과적으로 거시경제는 경제 전체에 미치는 변수와 추세에 관하여 연구하는 분야라 할 수 있음.

3) 미시경제와 거시경제의 상관성

- 그러나 미시경제와 거시경제는 서로 밀접한 관계가 있음.
  - 왜냐하면 경제 전체의 변화는 수많은 개인과 기업의 개별적인 의사결정에 의해 이루어지기 때문
- 따라서 미시적 현상을 고려하지 않고서는 거시적 현상을 이해하기가 곤란

- 이를 거시경제학의 미시경제학적 기초(Microeconomic Foundations of Macroeconomics)라 부름.

- 그러므로 미시경제학과 거시경제학의 구분은 설명의 편의를 위한 것이고, 반드시 이분법으로 구분되는 것은 아님.
  - 거시경제학의 토대에는 미시경제학이 존재하고, 미시경제학의 설명들은 거시경제학의 틀 속에 존재하는 부분이 됨.

(8) 경제성장률의 의미

1) 경제적 의미

- 우리는 흔히 "경제가 고도성장을 하고 있다"든지 "경제성장률이 높다"든지 하는 말로 경제상태를 나타내곤 함.

- 경제가 성장한다는 것은 GNP나 GDP의 수치가 지난해보다 커졌다는 것을 의미
  - 경제가 성장하면 기업의 실적이 좋아지고, 임금이 오르며, 소비가 늘고, 수출이 증가하는 등의 현상이 잇따라 나타남.
  - 이와 같은 경제현상이 나타나면 "경제가 성장하였다"고 말함.

- GNP 혹은 GDP 아니면 GNI의 증가율이 다름 아닌 경제성장률임.

2) 우리나라의 경우

- 우리나라는 1960년대 초반까지만 해도 1인당 GNP가 1백 달러도 안 되던 아주 가난한 농업국이었음.

- 그러다가 1960년대 중반부터 수출주도형 성장전략을 추진하면서 급속한 경제성장을 해왔음.

- 이후 1980년의 −3.7%를 제외하면 IMF 외환위기 이전까지 대체로 연평균 10% 안팎의 고도성장을 해왔는데, 특히 1986~1988년에는 3년 연속

12～13%대의 높은 경제성장률을 기록하였음.

- 그러나 IMF 외환위기 이후 다시 경제성장률이 낮아지고 있는바, 물론 경제가 어느 정도 성숙하면 안정적인 경제활동을 영위하게 되어 성장률이 떨어짐.
  - 폴 크루그만(P. Krugman)은 동아시아 개도국의 경우, 생산요소의 양적 확대가 국가경제의 성장을 주도한 반면 생산요소의 질적 향상을 통한 성장은 미미한 결과, 경제성장에 한계가 오고 있다고 진단한 바 있음.

3) 문제점

- 경제성장률은 한 나라의 경기나 국민후생의 정도를 나타내는 지표로서는 여러 가지 문제점을 안고 있음.
  - 즉 높은 경제성장률이 곧 활발한 경제활동이나 국민생활의 풍요로움을 의미하는 것은 아님.
  - 경제성장률은 단지 '한 나라 경제의 발전단계'를 나타내 줄 뿐임.
  - 최근 다양한 국민소득 관련 지표를 개발해 냄으로써 이러한 문제점을 보완하기 위한 노력이 계속되고 있음.

참 | 고 | 자 | 료

(1) 김상조(2001), 《손바닥 경제》, 사계절.

제 3 장

시장메커니즘

(1) 수 요

1) 수요와 수요량

① 수요[8)]

- 여러 개의 가격과 그 가격에 해당하는 구매량 간의 관계 모두를 나타냄.
- 일정기간을 전제로 한 유량변수[9)]
- 수요는 수요표나 수요곡선으로 나타낼 수 있음.

② 수요량

- 어느 하나의 가격에 해당하는 구매량을 말함.
- 해당 가격에 구매를 원할 뿐만 아니라 실제로 구매할 수 있는 수량을 의미

③ 수요표

- 어느 재화의 가격과 그 재화의 수요량 사이의 관계를 나타내는 표

---

8) 일반적으로 수요란 '소비자가 일정기간 동안 재화를 구매하고자 하는 욕구'라고 정의할 수 있음. 수요는 '실현된 욕구'를 의미하는 것이 아니라 '의도된 욕구'를 뜻함. 물론 여기서 의도된 구매라는 의미는 유효수요(effective demand), 즉 '실현 가능성이 있는 구매욕구' 혹은 '구매력이 있는 사람들의 욕구'를 뜻함.

9) 유량과 저량 : 상품의 수요량처럼 일정한 기간을 기준으로 그 양을 측정해야 하는 것을 유량이라고 하고, 재산처럼 일정한 시점을 기준으로 그 양을 측정해야 하는 것을 저량이라고 함.

- 일례로 김군의 아이스크림에 대한 수요를 표로 나타내면 다음과 같음.

〈표 3-1〉 김군의 아이스크림에 대한 수요

가격(천원)	수요량(통/월)
25	8
20	12
15	16
10	22
5	29

④ 수요곡선

- 어느 재화의 가격과 수요량 사이의 관계를 보여주는 우하향하는 그래프
- 앞서 제시한 수요표를 토대로 김군의 수요곡선을 그려 보면 [그림 3-1]과 같음.

[그림 3-1] 김군의 수요곡선

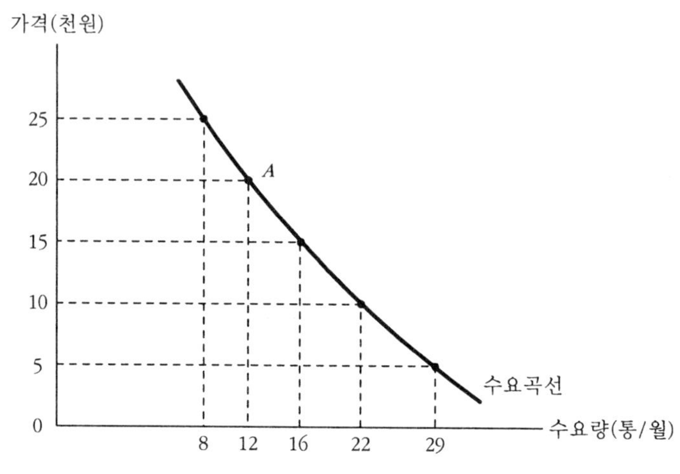

⑤ 시장수요곡선

- 시장수요곡선은 각 소비자의 수요곡선(개별수요곡선)을 수평방향으로 더한 것으로 나타낼 수 있음.

- 개별수요와 시장수요를 그림으로 나타내면 [그림 3-2]와 같음.

[그림 3-2] 개별수요와 시장수요

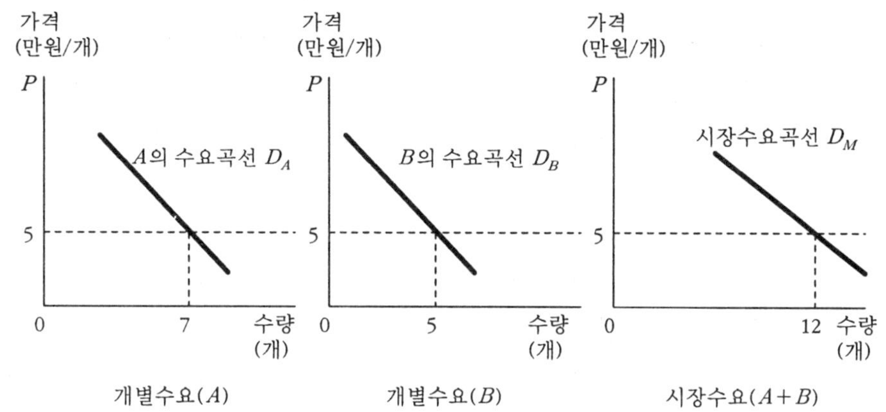

⑥ 수요의 법칙

- 다른 조건이 불변일 때 어떤 재화의 가격이 상승하면 그 재화의 수요량이 감소하는 법칙, 즉 가격과 수요량 간의 역의 관계를 말함.

2) 수요의 변화와 수요량의 변화

- 수요의 변화는 수요표나 수요곡선 전체의 변화를 의미

- 수요량의 변화는 수요곡선 위의 어느 한 점에서 다른 점으로 이동하는 것을 의미

- 수요량의 변화를 결정하는 요인 : 해당 상품의 가격 ⇒ 수요곡선 상의 이동

- 수요의 결정요인(수요의 변화를 초래하는 요인) ⇒ 수요곡선 자체의 이동
  - 관련 재화(보완재, 대체재 등) 가격의 변화 : CD플레이어 가격의 급등은 CD수요를 감소시키며 핸드폰 가격의 하락은 무선호출기나 유선전화기의 수요를 감소시킴.
  - 구매자 기호(=취향)의 변화 : 구매자가 핸드폰을 유선전화기보다 더 선호하면 핸드폰에 대한 수요가 늘어나며 최근에는 환경오염의 증가에 따라 자연식품을 선호하는 소비자들이 증가하고 있는데, 구매자의 기호는 주관적인 것이므로 사람에 따라서 재화의 가치를 다르게 평가함.[10]
  - 구매자 소득의 변화 : 소득의 증가는 각종 상품에 대한 수요를 증가시키지만 헌옷이나 재생타이어 같은 열등재(inferior goods)에 대한 수요는 오히려 감소시킴.
  - 구매자 수의 변화 : 출산율의 감소로 인한 유아 수의 감소는 유아 관련 제품의 수요를 감소시키며 방학이 되어 학생들이 귀향하면 학교 앞 상점들의 물건에 대한 수요는 감소함.
  - 기대심리의 변화 : 겨울에 혹한이 예상되면 겨울 상품에 대한 수요증가와 가격 상승이 기대되며 앞으로 경제침체가 심화될 것으로 예상되면 소비를 전반적으로 줄임.
  - 기타요인 : 소비자신용, 정보 등의 변화

- 수요곡선 상의 이동과 수요곡선 자체의 이동을 그림으로 나타내면 [그림 3-3]과 같음.

10) 예를 들어 우리가 좋다고 평가하여 보낸 선물을 받은 사람도 좋게 생각한다는 보장이 없음. 사실 선물을 잘하는 것은 참으로 어려운 일임. 왜냐하면 사람마다 재화의 가치를 다르게 생각하기 때문임.

[그림 3-3] 수요곡선 상의 이동과 수요곡선 자체의 이동11)

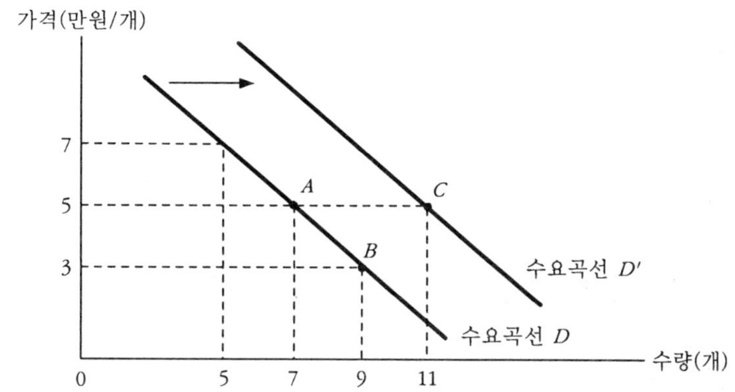

(2) 공 급

1) 공급과 공급량

① 공급12)

- 여러 개의 가격과 각각의 가격에 해당하는 판매량과의 관계 모두를 나타냄.

② 공급량

- 어느 하나의 가격에 해당하는 판매량을 말함.

---

11) 상품의 가격이 변할 때 나타나는 변화는 수요곡선 상의 이동으로 나타나며, 이는 '수요량의 변화'라고 함. 반면에 해당 상품의 가격이 아닌 다른 변수들의 변화는 수요곡선 자체의 이동으로 나타나며, 이는 '수요의 변화'라고 부름.

12) 일반적으로 공급이란 '생산자가 일정기간 동안 재화를 판매하고자 하는 욕구'임. 공급 역시 일정한 기간을 기준으로 하여 측정된 유량이며 실현된 판매량이 아니라 의도된 판매량임.

- 생산자가 그 가격에 판매할 의향이 있고, 실제로 판매할 능력이 있는 양을 의미

③ 공급표

- 어느 재화의 가격과 그 재화의 공급량 사이의 관계를 나타내는 표

④ 공급곡선

- 어느 재화의 가격과 공급량 사이의 관계를 보여주는 우상향하는 그래프

⑤ 시장공급곡선

- 시장공급곡선은 개별공급곡선을 수평방향으로 더한 것으로 나타낼 수 있음.
- 개별공급과 시장공급을 그림으로 나타내면 다음과 같음.

[그림 3-4] 개별공급과 시장공급

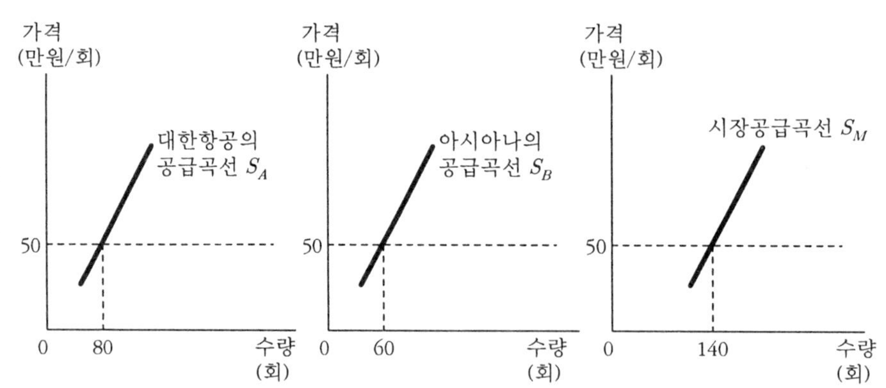

⑥ 공급의 법칙

- 다른 조건이 불변일 때 어떤 재화의 가격이 상승하면 그 재화의 공급량이 증가하는 법칙, 즉 가격과 공급량 간의 정의 관계를 말함.

2) 공급의 변화와 공급량의 변화

- 공급량의 변화를 결정하는 요인 : 해당 상품의 가격 ⇒ 공급곡선 상의 이동
- 공급의 결정요인(공급의 변화를 초래하는 요인) ⇒ 공급곡선 자체의 이동
  - 다른 재화의 가격 변화 : 어떤 재화의 대체재나 보완재의 가격 변화는 그 재화의 공급을 변화시킴.
  - 투입물(=자원) 가격의 변화 : 에너지 가격의 상승, 인건비의 상승 등은 생산비를 전반적으로 높게 하여 이윤을 줄어들게 하므로 공급은 감소함.
  - 생산기술의 변화 : 인쇄술의 발달은 책의 생산비를 감소시켜 공급을 크게 증가시켰으며 반도체기술의 발달은 컴퓨터, 핸드폰 등의 공급을 크게 증가시켰음.
  - 공급자 수의 변화 : 우리나라 아파트 건설업자의 수가 증가하여 아파트 공급이 증가했음.
  - 기대심리의 변화 : 혹한이 기대되면 겨울상품 생산기업들은 생산을 더 많이 함.
  - 기후와 자연환경의 변화 : 폭설, 폭풍 등은 채소 등 농산물의 공급을 감소시키며 폭염이나 폭서는 청량음료나 바캉스제품, 혹한은 겨울상품의 공급을 증가시킴.
- 공급곡선과 공급곡선 자체의 이동을 그림으로 나타내면 [그림 3-5]와 같음.

[그림 3-5] 공급곡선과 공급곡선 자체의 이동[13]

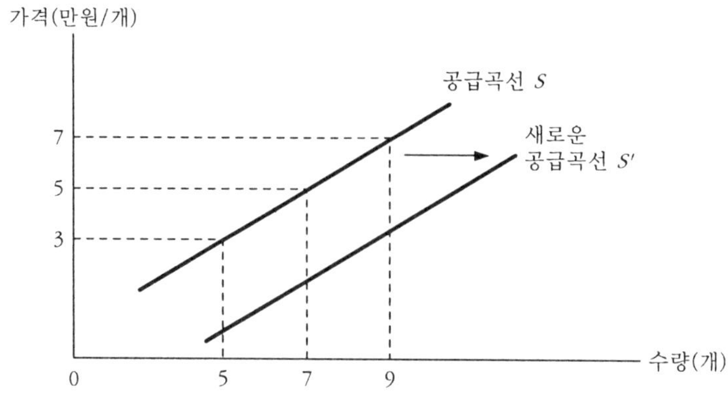

(3) 시장의 균형

1) 균 형

- 수요와 공급이 일치된 상태로서 다른 교란요인이 없는 한 그 상태가 그대로 유지되려는 경향이 나타남.
- 균형가격 : 수요와 공급을 일치시키는 가격
- 균형거래량 : 수요와 공급이 일치된 상태의 수요량 및 공급량
- 초과공급 : 공급량이 수요량을 초과하는 상태
- 초과수요 : 수요량이 공급량을 초과하는 상태

13) 공급곡선은 각 가격수준에서 공급자가 공급하고자 하는 의도를 나타냄. 가격 이외의 다른 요인이 변동하면 공급곡선 자체가 이동을 하는데 공급이 증가하면 공급곡선을 우측으로 이동시켜 표시할 수 있음.

2) 수요 · 공급의 법칙

- 어느 재화의 가격이 그 재화에 대한 수요와 공급이 일치하도록 조정되는 현상
- 어떤 상품이든 자유 시장경제에선 그 수요량과 공급량이 일치하는 선에서 균형가격과 균형거래량이 결정됨.
- 시장가격이 균형가격 수준을 벗어나면 수요 측 요인과 공급 측 요인이 다 같이 작용해서 가격을 그 수준으로 회복시키게 됨.
  - 시장가격이 균형가격 수준보다 높아 초과공급이 발생하면 공급자는 물건을 모두 판매하기 위해 가격을 낮출 것이고, 가격이 낮아지면 수요 및 공급법칙이 작용하게 되는바, 이러한 가격변동은 수요곡선과 공급곡선 상의 이동을 초래해 결국 균형점에 도달할 때까지 진행되다가 멈추게 됨.

[그림 3-6] 시장의 균형[14]

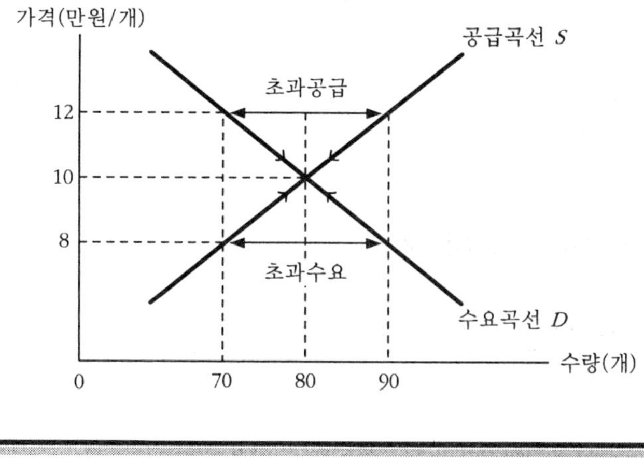

14) 지나치게 높은 가격에서는 초과공급이 존재하고, 반면에 지나치게 낮은 가격에서는 초과수요가 존재함. 균형가격은 초과공급이나 초과수요가 존재하지 않는 가격임.

- 반면에 시장가격이 균형가격 수준보다 낮아 초과수요가 발생하면 수요자들 간에 경쟁이 생겨 웃돈을 주는 등 가격을 올리게 되고, 이렇듯 가격이 오르면 마찬가지로 수요 및 공급 법칙이 작용하게 되는바, 이러한 가격변동 역시 수요곡선과 공급곡선 상의 이동을 초래해 결국 균형점에 도달할 때까지 진행되다가 멈추게 됨.
- 균형상태에서 벗어난 경우 가격의 신축적 조정기능을 통해 균형으로 복귀하는 과정이 [그림 3-6]에 나타나 있음.

3) 균형의 변화

- 수요와 공급이 변화하게 되면 균형가격과 균형거래량도 변화함.

- 비교정태분석의 관점[15]에서 설명 가능[16]
  - 공급이 불변인 상태에서 수요만이 증가할 경우 : 균형가격과 균형거래량은 증가
  - 공급이 불변인 상태에서 수요만이 감소할 경우 : 균형가격과 균형거래량은 감소
  - 수요가 불변인 상태에서 공급만이 증가할 경우 : 균형가격은 하락하고 균형거래량은 증가
  - 수요가 불변인 상태에서 공급만이 감소할 경우 : 균형가격은 상승하고 균형거래량은 감소

(4) 가격규제와 시장의 보복

1) 정부의 시장개입

- 시장경제에서 가격기구는 상품과 서비스를 배분하고 자원을 효율적으로

15) 시간의 흐름에 따라 경제상황이 차츰 변화해 가는데, 이러한 변화과정을 하나의 균형상태에서 다른 균형상태로 이동한 것으로 이해할 수 있음. 반면에 이동과정에 초점을 맞추어 분석하는 것을 동태분석이라고 함.
16) 수요와 공급이 동시에 변화하는 경우도 검토해 보기 바람.

이용하도록 하는 데 크게 기여함에도 불구하고 정부가 가격규제정책을 자주 동원하고 있는바, 이를 정부의 시장개입이라고 함.

- 그 이유는 대체로 시장의 가격메커니즘이 상품과 자원배분의 효율성은 충족시켜 주지만, 형평성 측면에 문제가 있다고 보기 때문임.
  - 문제는 많은 규제들이 당초의 취지와는 무관하게 시행되는 과정에서 여러 가지 부작용들을 유발시킨다는 점임.

2) 최고가격제(가격상한제)

- 자유로운 시장경쟁에 의해 결정되는 균형가격 수준보다 낮은 수준에 정부가 지지가격을 고시하고, 그 이상 가격이 상승할 수 없도록 하는 제도로서 가격이 올라갈 수 있는 최고가격을 설정한다는 뜻에서 최고가격제도라 함.

- 실시 배경
  - 상품과 서비스의 가격결정을 온전히 시장기능에 맡겨 둘 경우 인플레이션 우려가 있고, 특히 상품과 서비스의 가격이 너무 비싸 저소득층에게까지 골고루 돌아갈 수 없다는 문제를 해결하려는 데 있음(예 : 정부가 국내 석유가격을 일정수준으로 유지하거나, 중고 아파트보다 신축 아파트의 분양가를 더 낮게 규제하는 등의 가격규제정책).

- 최고가격제 실시에 따라 파생되는 문제점
  - 취지 : 소비자 보호
  - 경제적 효과 : 초과수요 발생
  - 부작용 : 암시장 발생 ⇒ 본래 취지와는 달리 오히려 소비자 후생의 손실 초래

- 초과수요 해결방안의 예
  - 선착순 판매 : 형평의 관점에서 볼 때 문제가 있음.
  - 배급제도 : 개인의 선호가 반영돼 있지 않다는 데 문제가 있음.

3) 최저가격제(가격하한제)

- 정부에 의해 고시되는 최저가격은 균형가격 이상에서 이루어지며 이 가격 이상으로 판매하는 것은 자유이나 그 이하의 가격으로 판매하는 것은 법으로 금지되어 있음.

- 실시 배경
  - 자원배분을 자유로운 시장기능에 맡길 경우 균등한 분배를 달성할 수 없다는 사회적 분위기가 조성될 때 시행되는 경향이 있음(예 : 최저임금제와 농산물 가격지지제, OPEC 회원국들이 생산량을 조절함으로써 석유가격을 일정수준 이상으로 유지하려는 시도 등).

[그림 3-7] 가격규제17)

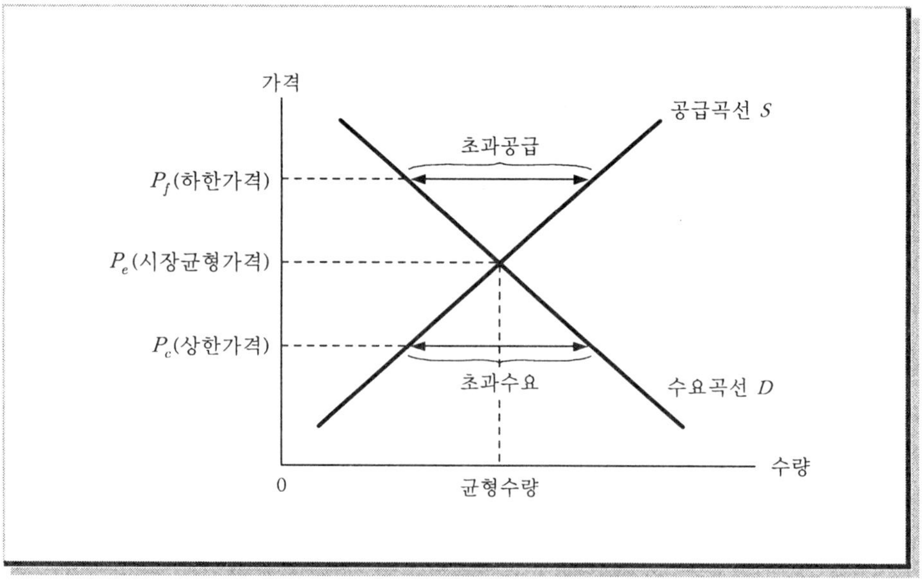

17) 시장이 정하는 균형가격이 사회 구성원들에게 지나치게 높거나 또는 낮게 느껴지는 경우 가격규제가 실시됨. 가격을 나타내는 p의 아래첨자 c는 상한(ceiling)을, f는 하한(floor)을 의미함.

- 최저가격제 실시에 따른 부작용
  - 취지 : 생산자 혹은 공급자 보호
  - 경제적 효과 : 초과공급 발생
  - 부작용 : 본래 취지와는 달리 오히려 공급자 후생의 손실 초래
  - 해결방안 : 초과공급 문제의 해결이 과제
- 최고가격제(가격상한제)와 최저가격제(가격하한제)가 [그림 3-7]에 나타나 있음.

(5) 시장메커니즘

1) 시장메커니즘이란

- 시장메커니즘이란 개인의 이기적 동기에 따른 자발적 행동으로 경제문제를 시장에서 해결하는 제도를 말하는데, 이를 통해 수요자와 공급자 모두에게 이득(소비자잉여와 생산자잉여)을 가져다줌.

2) 시장이란

- 시장이란 어떤 상품의 판매자와 구매자가 해당 가격과 거래량을 결정할 수 있도록 하는 기구, 제도, 또는 장치를 말함.
  - 수요가격(demand price)은 소비자가 지불할 용의가 있는 최대가격
  - 공급가격(supply price)은 공급자가 받고자 하는 최소한의 가격
  - 소비자잉여란 소비자가 어떤 상품을 구입하기 위해 지불할 용의가 있는 금액에서 실제로 지불한 금액을 뺀 나머지로 계산되며, 소비자가 그와 같은 교환에서 얻는 이득을 의미[18]
  - 생산자잉여란 생산자가 어떤 상품을 공급하면서 실제로 받은 금액에서 최소한 받아야 하겠다고 생각한 금액을 뺀 나머지로 계산되며, 생산자가 그와 같은 교환에서 얻는 이득을 의미[19]

---

18) 한마디로 상품 구입을 통해 얻은 무상의 이득을 말함.
19) 한마디로 생산을 통해 얻은 무상의 이득을 말함. 한편 소비자잉여와 생산자잉여의 합을 순사회편익이라고 함.

- 소비자잉여와 생산자잉여를 그림으로 나타내면 각각 다음과 같음.

[그림 3-8] 소비자잉여[20]

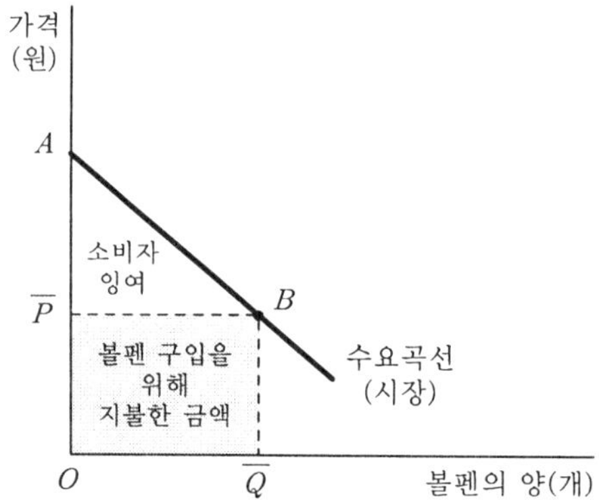

[그림 3-9] 생산자잉여[21]

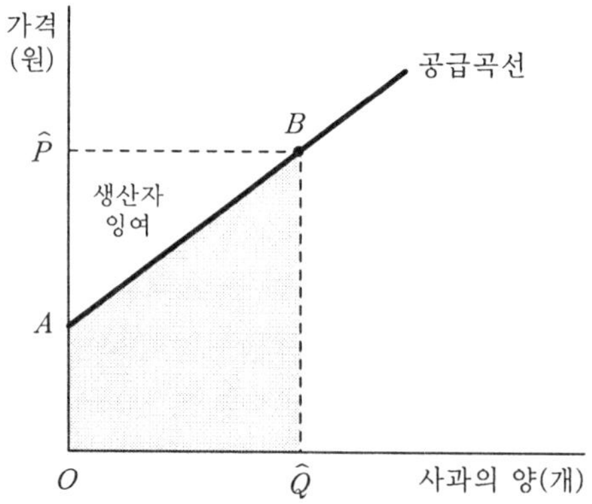

20) 소비자가 볼펜을 구입하기 위해 지불할 용의가 있는 금액은 수요곡선 아래로 만들어진 사다리꼴의 면적과 같음. 한편 소비자가 실제로 지불한 금액은 가격을 나타내는 수평선 아래로 만들어진 직사각형의 면적으로 나타나 있는데, 소비자는 볼펜을 구입함으로써 이 둘 사이의 차이에 해당하는 이득을 얻는다는 뜻으로 이를 소비자잉여라고 부름.

21) 어떤 상품을 생산, 공급하는 사람이 얻는 생산자잉여는 가격을 나타내는 수평선과 공급곡선 사이로 만들어진 삼각형의 면적과 같음.

참 | 고 | 자 | 료

(1) 송병락(2006), 《글로벌시대의 경제학》, 박영사.

(2) 이준구 · 이창용(2007), 《경제학 들어가기》, 법문사.

(3) 김승욱 외(2008), 《알짬 시장경제》, 박영사.

제 4 장

수요와 공급의 탄력성

(1) 수요의 탄력성

1) 가격탄력성

① 가격탄력성의 의미

- 어떤 상품의 가격에 생긴 작은 변화가 그 상품의 수요량에 얼마만큼의 변화를 가져오는지를 나타내는 수치

- 구체적으로 말해 수요의 가격탄력성은 가격의 변화비율을 분모에 놓고 수요량의 변화비율을 분자에 넣어 구한 값과 같음.

$$\text{수요의 가격탄력성}(e) = -\frac{\text{수요량의 변화비율}}{\text{가격의 변화비율}} = -\frac{\Delta Q_d / Q_d}{\Delta P / P}$$

여기서, $e > 1$: 탄력적(예 : 택시, 보석, 고급의류)

$e = 1$: 단위탄력적

$e < 1$: 비탄력적(예 : 생필품)

- 엄밀하게 말해 탄력성을 구할 때는 가격을 아주 작은 폭으로 변화시키고 수요량의 반응을 보아야 함.

- 다시 말해 위의 식에서 ΔP가 거의 0에 가까울 정도로 작아야 하는데, 이는 수요곡선 위의 한 점을 기준으로 탄력성을 잰다는 것을 뜻함.

- 이 경우에는 미분의 개념을 사용해 다음과 같이 바꿔 쓸 수 있음.

$$\text{수요의 가격탄력성}(e) = -\frac{dQ_d}{dP}\frac{P}{Q_d}$$

- 수요의 가격탄력성과 수요곡선의 기울기와의 관계
  - 탄력성과 $\frac{\Delta Q}{\Delta P}$(기울기의 역수)는 다름.
  - 즉 탄력성은 어떠한 단위를 사용하든지 그 값이 일정해야 하기 때문에 퍼센티지 변화율의 비로 나타내는 반면에 단순히 가격과 수요량의 변화분의 비로 나타낸다면 어떤 단위를 기준으로 하느냐에 따라 탄력성 수치가 달라질 수 있음.
  - 가령 가격 변화 100원에 대하여 같은 1kg의 수요량 변화와 1,000g의 수요량 변화는 수치상으로 각각 0.01과 10으로 다르게 나타나지만 퍼센티지 변화율로 탄력성을 계산하면 이러한 문제가 해소됨.

② 수요곡선과 가격탄력성

- 일반적으로 한 수요곡선 위의 어떤 점에서 탄력성을 재느냐에 따라 그 크기가 달라짐.
- 예외적인 경우(수요곡선 위의 어느 점에서나 가격탄력성이 똑같은 값을 가짐)
  - 수요곡선이 수직선인 경우 : $e=0$
  - 수요곡선이 수평선인 경우 : $e=\infty$
  - 수요곡선이 쌍곡선인 경우 : $e=1$
- 수요곡선이 선분인 경우
  - 선분으로 주어진 수요곡선 위의 한 점에서 잰 수요의 가격탄력성은 이 점을 공유하는 두 선분의 길이 사이의 비율과 같음.

③ 가격탄력성과 판매수입(혹은 총지출액)

- 수요의 가격탄력성은 가격변동에 따라 소비자 지출액이 어떻게 변화할 것인가에 대한 정보를 제공하기 때문에 기업에게 중요한 정보가 됨.
  - 수요가 탄력적인 상품의 경우에는 가격을 내리면 가격하락률 이상으로 수요량이 증가하기 때문에 판매수입은 증가하게 됨.

• 농산물은 비탄력적인 재화이므로 가격이 내리면 가격하락률보다 수요량이 작게 증가하여 판매수입이 줄어드는데, 풍년으로 인해 농산물의 공급이 늘어나 가격이 하락할 때 농민의 수입이 오히려 줄어드는 이유가 바로 여기에 있음.

- 선분으로 주어진 수요곡선의 경우, 수요곡선의 중점에서 가격탄력성이 1의 값을 갖고 바로 이 점이 의미하는 판매량에서 총수입이 극대화됨.[22]
  • 중점의 왼쪽에서는 가격탄력성이 1보다 크며 이 구간에서는 판매량이 늘어남에 따라 총수입도 함께 늘어나게 됨.
  • 반면에 중점의 오른쪽에서는 가격탄력성이 1보다 작으며 이 구간에서는 판매량이 늘어남에 따라 총수입이 줄어들게 됨.

④ 가격탄력성의 결정요인

- 상품의 성격
  • 일반적으로 수요의 가격탄력성은 필수품보다는 사치품이 더 큰 경향이 있음.

- 지출금액의 소득점유율
  • 여타조건이 일정할 때 소득수준과 대비한 상품가격이나 지출 비중이 클수록 가격탄력성은 보다 커지는 경향이 있음.

- 유사한 대체재 유무
  • 일반적으로 유사한 대체재가 많은 상품일수록 수요의 가격탄력성은 큼.

- 용도의 다양성
  • 다양한 용도를 가진 상품일수록 탄력성이 크고, 용도가 극히 제한된 상품일수록 탄력성은 낮음.

---

22) 이에 관한 설명 및 이유는 각자 확인해 보기 바람.

- 기간의 장단
  - 대부분의 상품들은 기간이 길어질수록 수요가 보다 탄력적인 형태를 띠게 됨.

2) 소득탄력성

① 수요의 소득탄력성

- 소비자의 소득에 생긴 작은 변화가 어떤 상품의 수요(량)에 얼마만큼의 변화를 가져오는지를 나타내는 수치
- 수요의 소득탄력성(e) $= \dfrac{\text{수요(량)의 변화비율}}{\text{소득의 변화비율}} = \dfrac{\Delta Q_d / Q_d}{\Delta M / M}$

② 열등재와 정상재

<table>
<tr><th>소득탄력성</th><th colspan="2">상품의 구분</th></tr>
<tr><td>$e < 0$</td><td colspan="2">열 등 재</td></tr>
<tr><td>$0 < e < 1$</td><td>필 수 재</td><td rowspan="2">정 상 재</td></tr>
<tr><td>$1 < e$</td><td>사 치 재</td></tr>
</table>

③ 소득탄력성과 시장진입

- 소득탄력성은 시장진입 여부를 판단하는 데 중요한 정보를 제공함.
  - 호경기가 예상될 경우에는 레저용품 등 소득탄력성이 큰 상품이 시장에서 유리
  - 불황기에는 생필품처럼 소득탄력성이 비탄력적인 상품이 시장에서 유리 ⇒ 가령 내의나 치약 등 생필품 생산업체는 경기침체기에도 상대적으로 어려움을 겪지 않았음.

3) 교차탄력성

① 수요의 교차탄력성

- 한 상품의 가격에 생긴 작은 변화가 다른 상품의 수요(량)에 얼마만큼의 변화를 가져오는지를 나타내는 수치

- 수요의 교차탄력성(e) $= \dfrac{Y\text{재수요(량)의 변화율}}{X\text{재가격의 변화율}} = \dfrac{\Delta Q_y / Q_y}{\Delta P_x / P_x}$

- 두 상품 사이의 관계가 어떤 것이냐에 따라 그 부호의 크기가 다르게 됨.
  - 대체관계 : $e > 0$
  - 보완관계 : $e < 0$
  - 독립관계 : $e = 0$

(2) 공급의 탄력성

- 공급의 경우에는 주로 가격탄력성에만 관심을 가질 뿐 다른 탄력성에 관심을 갖는 경우는 극히 드물기 때문에 엄밀히 말하면 '공급의 가격탄력성'이라고 표현해야 할 것을 줄여서 '공급의 탄력성'이라고 표현하는 경우가 흔함.

1) 공급의 가격탄력성

- 어떤 상품의 가격에 생긴 작은 변화가 그 상품의 공급량에 얼마만큼의 변화를 가져오는지를 나타내는 수치

- 공급의 가격탄력성(e) $= \dfrac{\text{공급량의 변화비율}}{\text{가격의 변화비율}} = \dfrac{\Delta Q_s / Q_s}{\Delta P / P}$

  여기서, $e > 1$: 탄력적
  $e = 1$: 단위탄력적
  $e < 1$: 비탄력적

- 공급곡선이 직선인 경우의 가격탄력성[23)]

2) 공급의 가격탄력성의 결정요인

- 상품의 저장비용과 저장 가능성
  - 일반적으로 저장비용이 많이 드는 상품의 공급탄력성은 낮음.

- 생산설비의 다용도성
  - 어느 한 상품을 생산하기 위해 사용되는 노동, 토지, 생산설비 등이 다른 상품을 생산하기 위해 쉽사리 전환될 수 있다면 이 상품의 공급탄력성은 클 것임.

- 기간의 장단
  - 공급의 탄력성 역시 기간이 길어짐에 따라 커지는 경향이 있음.

- 공급자들 사이의 경쟁상황
  - 공급자들 사이에 경쟁이 극심하면 공급탄력성은 커질 것이며 경쟁자가 별로 없으면 비탄력적일 것임.

참 | 고 | 자 | 료

(1) 이준구 · 이창용(2007), 《경제학 들어가기》, 법문사.
(2) 김승욱 외(2008), 《알짬 시장경제》, 박영사.

23) 공급곡선이 수평선인 경우 : $e=\infty$
공급곡선이 수직선인 경우 : $e=0$

제 5 장

소 비 이 론

(1) 소비지출의 결정요인

1) 가처분소득

- 소비수준은 조세를 납부한 후의 소득, 즉 가처분소득(disposable income)과 밀접한 관계를 맺고 있음.
  - 아무리 소득이 많더라도 세금을 내고 난 후의 소득이 불과 얼마 되지 않는다면 소비수준은 결코 높을 수 없음.

- 어떤 국민경제의 가처분소득이 Y_d, 그리고 소비가 C라고 할 때 다음과 같은 간단한 식으로 둘 사이의 관계를 나타낼 수 있음.

$$C = a + bY_d \quad (5\text{-}1)$$

(단 $a > 0, \quad 0 < b < 1$)

  - 이 식처럼 소비와 가처분소득 사이의 관계를 단순한 1차함수로 표현한 것을 케인즈의 소비함수라고 부름.
  - 소비함수란 소비에 영향을 주는 여러 요인과 소비 사이에 존재하는 관계를 나타내는 함수를 뜻함.
  - 그런데 위의 식은 가처분소득이 소비수준을 결정하는 데 다른 어떤 요인보다 더 중요한 역할을 한다는 케인즈의 이론을 반영하고 있어 '케인즈의 소비함수'라고 부름.
  - 가처분소득의 절대적 크기가 소비의 가장 중요한 결정요인이 된다고 본다는 뜻에서 케인즈의 소비이론을 절대소득가설이라고 부르기도 함.

• 여기서 우리는 평균소비성향과 한계소비성향이라는 두 개념을 생각해 볼 수 있음.

$$\text{평균소비성향} = \frac{C}{Y_d}$$

$$\text{한계소비성향} = \frac{\Delta C}{\Delta Y_d} \quad (5\text{-}2)$$

• 효율적인 정책 수행을 위해서는 한계소비성향을 정확하게 알고 있어야 함.
• 국민의 한계소비성향을 알아야 이만큼의 소득세 감면이 소비, 따라서 총수요를 얼마나 증가시키게 될지 알 수 있게 됨.
• 따라서 한계소비성향은 이론의 관점에서뿐 아니라 정책의 관점에서도 매우 중요한 개념이라고 말할 수 있음.

- 식 (5-1)이 의미하는 가처분소득과 소비 사이의 관계를 보여주는 곡선, 즉 소비곡선을 선분의 모양으로 그리면 다음과 같음.

[그림 5-1] 소비곡선[24)]

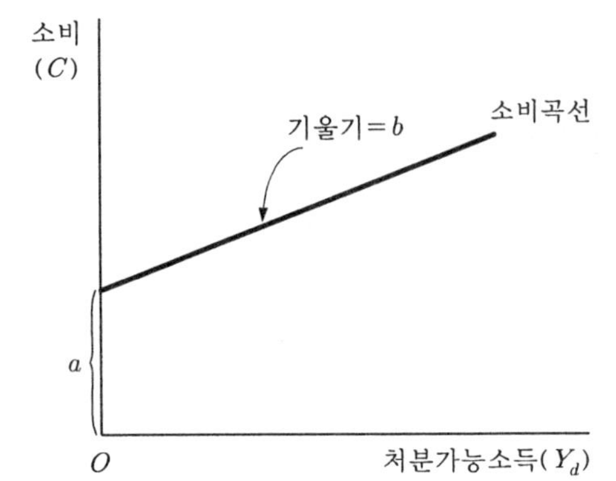

24) 소비곡선이 선분의 모양을 가질 경우 한계소비성향은 어디에서나 선분의 기울기(b)와 같은 값을 가짐.

- 평균소비성향과 한계소비성향을 알면 평균저축성향과 한계저축성향도 알 수 있게 됨.

$$\text{평균저축성향} = \frac{S}{Y_d}$$
$$\text{한계저축성향} = \frac{\Delta S}{\Delta Y_d} \qquad (5\text{-}3)$$

• 가처분소득 중 소비되지 않은 부분이 저축되는 것이기 때문에 $C+S=Y_d$라는 관계가 항상 성립하게 됨.
• 이 식의 양변을 Y_d로 나누면 평균소비성향과 평균저축성향의 합이 항상 1이라는 의미를 가진 식이 됨.
• 또한 한계소비성향과 한계저축성향의 합도 역시 1이 되어야 함.

2) 소비를 결정하는 다른 요인들

① 재산

- 우리가 재산이라고 부르는 것에는 부동산, 귀금속, 자동차 등의 실물자산뿐만 아니라 예금, 주식, 채권 등 금융자산도 포함되어 있음.

- 소득은 그리 많지 않아도 상당한 재산을 갖고 있는 사람들을 종종 볼 수 있는데, 이런 사람들은 재산의 일부를 현금화함으로써 소비에 충당할 수 있는 자금을 마련할 수 있음.

② 물가수준

- 물가가 변동함에 따라 가계가 보유한 재산의 실질가치가 변화해 소비에 영향을 미치게 되는 것을 실질자산효과(real balance effect)[25]라고 부름.

---

25) 고전학파는 부의 효과(wealth effect)를 크게 명목 통화공급을 증가시켜 부의 증가를 가져오는 실질잔고효과와 불황 하에서 물가의 하락으로 부의 증가를 가져오는 피구효과(Pigou effect)로 구분함. 대부분의 실증분석 결과에 의하면 소비는 소득변동에 의해 주로 영향을 받고, 부의 변동에 의해서는 미미한 영향만 받는 것으로 나타남.

- 물가가 오르면 갖고 있는 돈뿐 아니라 모든 명목자산의 실질가치가 감소하는 결과가 빚어짐.[26)]
- 즉 물가가 상승하면 재산의 일부를 구성하는 명목자산의 실질가치가 감소할 것이고, 그렇게 되면 가계가 보유하는 재산이 실질적으로 줄어든 효과가 생김.
- 이와 같은 재산의 실질적 감소는 가계의 소비를 떨어뜨리는 역할을 하게 됨.

③ 이자율

- 이자율이 높아지면 사람들은 소비를 줄이고 저축을 늘리는 반응을 보일 것이라고 짐작할 수 있음.

④ 미래소득

- 미래에 예상되는 소득이 (현재의) 소비수준에 영향을 주는 또 하나의 요인이 될 수 있음.
  - 소비자는 미래에 얻을 소득을 예상하고 현재의 소득수준 이상으로 소비를 증가시킬 수 있음.

- 소비수준을 결정하는 데 현재소득뿐 아니라 미래소득도 중요한 역할을 한다는 인식은 소비의 결정요인에 관한 새로운 이론이 태동하는 계기를 가져다주었음.
  - 이 방면으로의 연구가 두 명의 노벨상 수상자를 배출했는데, 항상소득가설을 제기한 프리드만(M. Friedman)과 생애주기가설을 제기한 모딜리아니(F. Modigliani)[27)]가 바로 그들임.

---

26) 명목자산이란 예금이나 각종 공사채 등과 같이 그 가치가 일정한 양의 화폐로 고정되어 있는 자산을 의미함. 다시 말해 가치가 화폐단위로 고정되어 있는 자산을 말하는데, 물가가 올라가면 화폐가치가 떨어지므로 그 자산의 실질가치도 자연히 떨어지게 됨.

27) 모딜리아니 이외에 브럼버그(R. Brumberg)와 앤도(A. Ando)에 의해서도 주창되었음.

(2) 새로운 소비이론

- 케인즈의 소비이론, 즉 절대소득가설(Absolute Income Hypothesis)은 너무나 단순한 나머지 현실의 소비행위를 충분히 설명해 주지 못한다는 문제점을 노출하게 되었는바, 지금 설명하려고 하는 이론들은 이와 같은 케인즈 이론의 한계를 극복하려는 의도에서 제기된 것임.

1) 상대소득가설(Relative Income Hypothesis)

- 듀젠베리(J. Duesenberry)가 제기한 이론으로 소비는 소비자 본인의 현재소득, 비교대상이 되는 타인의 소득, 본인의 과거소득 등 상대소득에 의하여 영향을 받음.

- 전시효과(demonstration effect)
  - 개인의 소비행동이 사회의 소비수준의 영향을 받아 타인의 소비행동을 모방하려는 소비성향을 말함.

- 톱니효과(ratchet effect)
  - 소비가 과거로부터 영향을 받는 것을 말하는데, 이를테면 부자가 망해도 지난날에 쓰던 버릇이 남아 있어 소비행태를 바꾸지 못하는 경우가 해당됨(소비의 비가역성[28]).

2) 항상소득가설(Permanent Income Hypothesis)

- 항상소득의 일정비율이 항상소비로 쓰인다는 주장으로 장기적으로 평균소비성향이 일정하다는 가설이 됨.
  - 실제소득은 항상소득과 일시소득으로 구성되는데, 항상소득은 일생에 걸친 평균적 소득이라는 뜻을 갖는 반면, 일시소득은 일시적인 여건의 변화로 인해 생긴 소득을 뜻함.

---

28) 비가역성(irreversibility)이란 소득이 증가함에 따라 일단 높아진 소비수준은 소득이 감소해도 쉽게 낮아지지 않는다는 것임.

• 보통 때의 소득이 항상소득에 해당한다면, 경기가 좋아 추가적으로 생긴 소득은 일시소득이 됨.
• 따라서 실제 소득이 보통 때보다 더 높은 호황기에는 일시소득이 양의 값을 갖는 반면, 보통 때보다 소득이 줄어드는 불황기에는 일시소득이 음의 값을 갖게 됨.

- 항상소득이론에 따르면 사람들은 소비를 비교적 일정한 수준에서 유지하고 싶어 함.
  • 불황기에 일시적으로 소득이 감소하게 되면 소비자는 미래에 얻을 소득을 기대하고 돈을 빌려 종전과 비슷한 소비수준을 유지함.
  • 반면에 호황기에 일시적으로 소득이 증가하면 그것을 전부 소비하지 않고 일부를 떼어 저축해 놓음.

- 다시 말해 사람들은 일시소득의 변동에 따라 소비를 크게 늘리거나 줄이려 하지 않는다는 것임.

3) 생애주기가설(Life-Cycle Hypothesis)

- 각자 일생에 걸친 평균적 노동소득 및 평균적 자산소득의 일정부분을 소비지출로 사용한다는 가설
  • 생애주기가설 역시 소비자들이 소비를 일정한 수준에 유지하려고 노력하는 태도를 가졌음을 강조
  • 그러나 소비자의 일생에 걸친 소득과 소비의 변화 양상에 주안점을 두고 있다는 점에서 항상소득가설과 차이가 있음.

- 동 이론에 따르면, 소비자는 현재소득이 아니라 일생 동안의 소득을 염두에 두고 적절한 소비수준을 결정함.
  • 그리고 전 생애에 걸쳐 이 소비수준을 유지하게 되므로 소비는 그때그때의 소득 변화에 민감하게 반응하지 않음.

- 생애주기소득과 소비 간의 관계를 그림으로 나타내면 [그림 5-2]와 같음.

[그림 5-2] 생애주기소득과 소비[29]

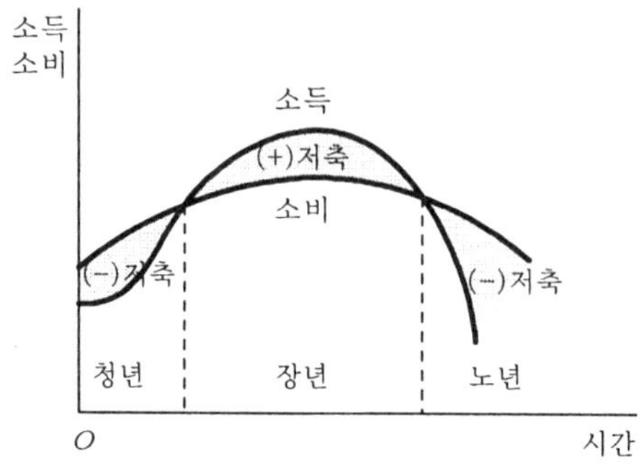

4) 소비이론의 평가

- 항상소득가설과 생애주기가설의 가장 중요한 공헌은 소비가 현재소득뿐 아니라 미래소득에도 영향을 받는다는 사실을 이론화했다는 데 있음.[30]
- 소비자는 늘어난 소득을 남은 생애의 소비에 균등하게 배분하려 할 것이고, 따라서 사람들의 소비는 정부가 기대한 것보다(예를 들어 올해만 소득세를 감면해 주기로 했다면) 훨씬 더 작은 폭으로 증가하게 됨.
- 이와 같이 미래에 예상되는 소득이 소비를 결정하는 주요 변수라면, 어떤 정책이 일시적인 것인지의 여부나 예상된 것인지의 여부에 따라 그 효과가 크게 다르게 됨.

참 | 고 | 자 | 료

(1) 이준구 · 이창용(2007), 《경제학 들어가기》, 법문사.
(2) 안홍식(2006), 《경제학원론》, 삼영사.

29) 생애주기가설은 일생의 소득을 어느 정도 균등하게 소비한다는 다기간 모형임.
30) 항상소득가설과 생애주기가설 사이의 관계를 요약하면 다음과 같음.
- 공통점 : 소비 내지 생활수준을 고르게 유지하려고 함.
- 차이점 : 항상소득가설은 소비가 정상적인 소득의 평균치에 의존하는 반면, 생애소득가설은 일생의 소득을 모두 고려한 후 소비를 결정함.

제 6 장

소비자의 선택 : 한계효용이론

(1) 가 정

1) 효용함수

① 가정

- 소비자에게 기수적 효용함수가 주어졌으며(효용이 측정 가능하며, 독립적이고 가법적임), 한계효용은 체감함.

② 효용

- 한 소비자가 어떤 상품을 소비함으로써 주관적으로 느끼는 만족도

③ 효용함수[31)]

- X라는 상품의 소비량과 효용은 함수관계를 가짐.
  - $U = U(X)$

④ 한계효용[32)]

- 어떤 상품(X)의 소비량이 한 단위 더 증가할 때 효용의 증가분

---

31) 효용함수란 일정기간에 상품의 소비량과 그로부터 얻어지는 (총)효용과의 관계를 말하는데, 상품이 두 개인 경우는 다음과 같음. $U=f(X, Y)$ 여기서 X : X재 소비량, Y : Y재 소비량, U : 총효용(일정기간 동안 일정량의 상품을 소비함으로써 얻을 수 있는 주관적인 만족도)

32) 한계효용의 정의를 일반화시키면 소비량이 1단위 증가(감소)할 때 변화하는 총효용의 증가(감소)분을 의미하는데, 이는 다음과 같이 표현할 수 있음.

$$MU_x = \frac{\Delta U}{\Delta X}, \quad MU_y = \frac{\Delta U}{\Delta Y}$$

- 총효용과 한계효용의 구체적 사례를 표로 나타내면 〈표 6-1〉과 같음.

⑤ 한계효용체감의 법칙

- X소비가 증가할 때 한계효용이 감소하는 상황을 의미, 혹은 총효용 곡선의 기울기가 점점 감소한다는 것을 의미[33]

〈표 6-1〉 총효용과 한계효용

아이스크림 소비량(통)	총효용(유틸)	한계효용(유틸)
0	0	
		20
1	20	
		19
2	39	
		18
3	57	
		17
4	74	
		16
5	90	
		15
6	105	

⑥ 소비재가 2개 이상일 경우

- $U = U(X_1, X_2, \cdots, X_n)$

2) 가격과 소득

① 가정

- 소득(I)과 가격(P_x, P_y)이 주어졌음.

33) 이를 일반화시키면 다른 상품들의 소비량이 고정된 상태에서 한 상품의 소비량이 증가할수록 그 상품의 한계효용이 감소하는 것을 말함.

- 이는 곧 소비가능영역이 주어졌다는 의미이며, 다시 말해서 예산조건이 주어졌다는 의미

② 예산선

- 예산선 도출이 가능
  - 예산선(budget line)이란 주어진 소득 또는 예산을 전부 사용하여 구입할 수 있는 상품의 조합들을 나타내는 직선임.

(2) 소비자의 문제

- 한계효용체감의 법칙이 적용되는 효용함수가 주어졌고, 그리고 가격과 소득이 주어졌다면 소비자의 의사결정을 요하는 문제는 구체적으로 무엇인가? 이는 선택이 가능한 상품묶음 중에서 소비자의 주관적인 만족, 즉 총효용을 최대화시키기 위한 상품묶음의 선택으로 설명됨.

(3) 소비자의 균형조건[34)]

1) 한계효용균등의 법칙

- 소비자들은 제각기 소득범위 내에서 어떤 재화를 얼마만큼 소비할 것인지를 선택해야 함.

---

34) 소비자 선택의 조건이라고도 하는데, 이를 다음과 같이 설명할 수도 있음.

① 한계효용균등의 법칙

- 한계효용균등의 법칙 : 각 상품 1원어치의 한계효용이 균등하여 주어진 소득으로 소비자는 최대의 효용을 얻게 됨. 즉

$$\frac{MU_x}{P_x} = \frac{MU_y}{P_y} \qquad (1)$$

일 때 소비자는 최대의 효용을 얻음.

② 효용극대화조건(=소비자균형조건)

- 주어진 소득제약 조건은 다음과 같이 표시됨.

$$P_x X + P_y Y = I \qquad (2)$$

- (2)의 조건하에서 (1)을 만족시키도록 X, Y재의 구입량을 결정할 때 소비자는 주어진 소득(I)으로 최대의 만족을 얻게 됨.
- (1)식과 (2)식을 소비자의 효용극대화조건이라 함.

- 선택기준은 소비자들이 주어진 소득범위 내에서 최대의 효용을 얻을 수 있도록 재화의 소비량을 선택하는 것임.
  - 소비자들은 효용을 증가시키도록 계획적이고 의도적인 선택을 함.

- 소비자가 소비행위를 하는 데 있어 한계효용체감의 법칙이 어떻게 작용하는지 살펴보고자 함.

- 예를 들어 갑이 주어진 소득으로 두 재화인 우유와 아이스크림만을 소비한다고 가정했을 때 우유와 아이스크림을 각각 얼마만큼씩 선택해야 하는가?

- 〈표 6-2〉는 갑의 우유와 아이스크림의 효용에 관한 정보임.

- 가령 갑이 4,500원의 소득으로 단위당 1,000원 하는 우유와 단위당 500원 하는 아이스크림을 소비하는 경우를 보자.

- 우유 2단위와 아이스크림 5단위를 선택할 경우 비용은 4,500원이고 얻을 수 있는 총효용은 11+11=22유틸이 됨.

- 만일 갑이 우유 소비를 한 단위 증가하고자 한다면 어떠한 결과가 발생하겠는가?
  - 우유를 한 단위 더 소비하려면 1,000원에 해당하는 아이스크림의 소비를 줄여야 하므로 아이스크림의 소비는 5단위에서 3단위로 2단위 감소해야 함.

〈표 6-2〉 갑의 우유와 아이스크림의 효용표

우유(가격 : 1,000원)				아이스크림(가격 : 500원)			
소비량	총효용	한계효용	1,000원당 한계효용	소비량	총효용	한계효용	1,000원당 한계효용
1	6	6	6	1	5	5	10
2	11	5	5	2	8	3	6
3	15	4	4	3	10	2	4
4	18	3	3	4	11	1	2
5	20	2	2	5	11	0	0

• 그 결과 우유 3단위와 아이스크림 3단위의 소비에서 얻을 수 있는 총효용의 크기는 25유틸로 우유 2단위와 아이스크림 5단위 선택의 경우보다 총효용이 증가함.
• 이는 우유 소비증가에 따른 효용증가는 4유틸이며, 아이스크림 소비감소에 따른 효용감소는 1유틸로 갑이 아이스크림 대신 우유 소비를 늘림으로써 총효용이 3유틸만큼 증가했기 때문
• 이처럼 소비자들은 소비조합의 변경과정을 되풀이함으로써 최대의 효용을 얻는 소비조합을 찾게 됨.

- 그러나 이런 과정은 지루하고 시간낭비적이기 때문에 과정 속에 있는 원리를 찾아서 좀 더 간단하고 신속하게 효용을 극대화하는 소비조합을 발견하는 방법이 있는바, 이것이 바로 가중 또는 원당 한계효용균등의 법칙임.
  • 〈표 6-2〉에 의하면 우유 소비를 한 단위 증가하는 데 드는 비용은 1,000원이며 아이스크림은 500원임.
  • 우유와 아이스크림의 3단위째 한계효용은 각각 4유틸과 2유틸임.
  • 언뜻 보기에는 우유의 한계효용이 큰 것 같지만 실제로는 똑같은데, 왜냐하면 우유와 아이스크림으로부터 각각 4유틸과 2유틸을 추가로 얻기 위하여 지불한 비용이 각각 1,000원과 500원으로, 1유틸을 추가로 얻는 데 드는 비용은 두 재화의 경우 똑같이 250원이기 때문임.
  • 따라서 한계효용을 단위비용, 즉 가격으로 나누어 1,000원당 가중한계효용을 구한 다음 비교하는 것이 정확함.
  • 〈표 6-2〉의 우유와 아이스크림의 마지막 열은 각각의 한계효용을 가격으로 나눈 가중(원당)한계효용임.
  • 〈표 6-2〉를 보면 우유와 아이스크림 소비를 각각 2단위와 5단위 소비할 경우 단위당(천원당) 한계효용은 각각 5와 0임.
  • 이는 우유와 아이스크림에 각각 1,000원을 지불하여 얻을 수 있는 한계효용의 크기를 의미함.
  • 따라서 합리적인 소비자는 아이스크림 소비를 줄이고자 하는데, 왜냐하면 1,000원을 지불하고 얻은 아이스크림의 한계효용이 0이기 때문

- 이번에는 아이스크림의 소비를 줄여서 1단위 소비하는 대신에 우유를 4단위 소비하는 경우를 보자.
- 우유 4단위와 아이스크림 1단위의 천원당 한계효용은 각각 3과 10이고 총효용은 23임.
- 따라서 값이 1,000원을 지불하여 얻을 수 있는 한계효용이 우유보다 아이스크림이 더 크기 때문에 이번에는 우유 소비를 줄이고 아이스크림 소비를 늘릴 것임.
- 따라서 우유 소비를 1단위 줄이는 대신 아이스크림 소비를 2단위 늘려 우유와 아이스크림을 각각 3단위씩 선택하면 어떻게 되겠는가?
- 이 경우 우유와 아이스크림의 1,000원당 한계효용은 각각 4이며 총효용은 25유틸이 되어 어떤 선택보다도 효용이 큼.
- 이와 같이 만일 어느 한쪽의 원당 한계효용이 다른 쪽보다 크다면 원당 한계효용이 큰 쪽의 소비를 늘림으로써 총효용을 증가시킬 수 있음.
- 그런데 한 재화의 소비를 늘리면 한계효용체감의 법칙에 따라 그 재화의 한계효용이 감소하므로 원당 한계효용도 작아짐.
- 따라서 두 재화 사이의 원당 한계효용이 같아질 때까지 원당 한계효용이 작은 재화의 소비는 줄이는 대신 원당 한계효용이 큰 재화의 소비를 늘리는 소비조합의 조정과정이 이루어지다가 마침내 두 재화의 원당 한계효용이 같은 소비조합을 선택하게 되면 소비자의 효용은 극대가 되어 소비자는 균형상태에 있게 됨.
- 이것이 원당 한계효용균등의 법칙임.

2) 소비자 문제의 해결

- 소비자의 균형점, 즉 소비자의 문제를 해결해 주는 상품묶음, 다시 말해서 소비자 문제의 해결점은 다음의 2가지 조건을 충족시켜야 함.

$P_x \cdot X + P_y \cdot Y = I$ ········· ① 예산조건의 충족

$\dfrac{MU_x}{P_x} = \dfrac{MU_y}{P_y} = k$ ············ ② (원당)한계효용균등의 법칙 충족

- ①식은 선택이 가능한 상품묶음이어야 함을 의미하는데, 이는 다시 말해 예산선(가격선)으로 표시된 소비가능영역 안에 있어야 함을 의미
- ②식이 충족되어야 하는 이유는 다음과 같은 방식으로 설명

$$\text{if} \quad \frac{MU_x}{P_x} > \frac{MU_y}{P_y} \quad \text{or} \quad \frac{MU_x}{P_x} < \frac{MU_y}{P_y}$$

$\Rightarrow$ 소비자의 균형점이 될 수 없음을 증명하면 됨.

- 결과적으로 소비자 문제의 해결은 ①과 ②를 충족시키는 X와 Y를 찾는 것임.

(4) 수요의 결정요인과 수요함수의 성격

1) 수요의 결정요인

- 소비자의 균형점(X^*, Y^*)에 의해 X재와 Y재의 수요가 결정되는데, 이 경우 X^*와 Y^*를 결정하는 요인들은 무엇인가?

- from ①
  - P_x, P_y, I에 의해 결정되는바, 즉 소비자의 균형점은 가격선 상에나 그 안에 있어서 취득이 가능한 상품묶음이어야 함.

- from ②
  - MU_x와 MU_y에 의해서 영향을 받게 되는데, 이는 곧 총효용, 다시 말해 소비자들의 기호에 의해서 영향을 받음을 의미

- $X_d = f(P_x, P_y, I, T)$

  $Y_d = g(P_x, P_y, I, T)$

  단, X_d와 Y_d는 각각 X재와 Y재의 수요

2) 수요함수의 성격[35)]

- 수요의 법칙이 적용됨.
  - 한 재화의 수요와 그 자체 상품가격은 역의 관계를 갖게 됨.
  - X재와 Y재의 수요곡선이 우하향함.

- 이유 설명
  - 첫째, $\frac{MU_x}{P_x} = \frac{MU_y}{P_y}$의 균형조건에서 다른 변수들은 불변인데, P_x만이 변화하여 하락할 경우, 위의 균형조건은 $\frac{MU_x}{P_x} > \frac{MU_y}{P_y}$이 되어 X재의 소비를 증가시킴으로써(MU_x를 하락시킴으로써) 균형으로 복귀 가능
  - 둘째, $\frac{MU_x}{P_x} = \frac{MU_y}{P_y} = k$(소득의 한계효용)에서 k가 일정한 소득범위 내에서는 불변이라고 하자.

    X재에 관한 한, $MU_x = kP_x \Rightarrow P_x = \frac{1}{k}MU_x$ (단 k는 상수)

(5) 가격변화의 효과(가격효과)

1) 대체효과와 소득효과

① 대체효과(substitution effect)

- 어떤 상품이 다른 상품에 비해 상대적으로 더 싸졌기 때문에 이의 소비량이 늘어나는 것을 의미

② 소득효과(income effect)

- 상품가격의 변화는 소비자의 실질소득에 변화를 가져오게 되는데, 이로 인해 수요량이 변화하는 것을 소득효과라고 부름.

---

35) 효용극대화조건을 이용하여 수요곡선을 도출하고 수요곡선이 우하향하는 것을 보일 수 있는 것임.

2) 대체효과와 소득효과의 영향

- 고려대상이 되는 상품이 정상재인지 아니면 열등재인지에 따라 대체효과와 소득효과가 같은 방향으로 작용할 수도 있고 반대되는 방향으로 작용할 수도 있음.

- 부연 설명하면 소득효과는 고려대상이 되는 상품의 성격에 따라 작용의 방향이 달라지지만, 대체효과의 경우에는 상품의 성격과 관계없이 언제나 똑같은 방향으로 작용함(즉 대체효과는 가격과 수요량이 언제나 역의 방향으로 작용).

3) 정상재와 열등재의 경우

- 정상재의 경우에는 대체효과와 소득효과가 같은 방향으로 작용하여 수요곡선이 우하향하는 모양을 갖게 됨.

- 그러나 고려대상이 되는 상품이 열등재의 성격을 갖는 경우에는 대체효과와 소득효과가 반대방향으로 작용하기 때문에 상황이 조금 복잡해짐.
  - 만약 대체효과의 절대적 크기가 소득효과의 절대적 크기보다 더 크다면 수요곡선은 보통의 경우와 다름없이 우하향하는 모양을 가짐.
  - 그러나 아주 예외적으로 소득효과가 너무 커 그 절대적 크기가 대체효과보다 더 큰 경우가 있을 수 있음. ⇒ 이런 상품의 경우에는 가격이 떨어질 때 수요량이 줄어드는 예외적인 현상이 나타나게 됨.[36]

(6) 수요곡선의 경제학적 의미

1) 개별수요곡선의 하부면적

- 개별 소비자의 X재에 대한 수요곡선은 $\frac{1}{k} \cdot MU_x$에 의해 결정됨.

---

36) 다시 말해 수요곡선이 우상향하는 모양을 갖는다는 것인데, 이와 같은 성격을 갖는 상품을 기픈재(Giffen goods)라고 부름.

- 따라서 X재에 대한 수요곡선의 하부면적은 X재로부터 얻는 한계효용의 합을 k로 나눈 것임.

- 결국 총효용을 원당 한계효용으로 나눈 것은 총효용을 화폐단위로 환산한 것임.
  - $k=1$: 총효용 자체가 수요곡선 아래의 면적
  - $k \neq 1$: X재로부터 얻는 총효용에 해당되는 화폐가치

2) 시장수요곡선[37]의 하부면적

- X재를 소비하는 모든 소비자들의 총효용을 합한 사회적 총효용을 화폐단위로 환산한 것임.
  - 사회적 총이득에 해당됨.

참 | 고 | 자 | 료

(1) 이준구 · 이창용(2007), 《경제학 들어가기》, 법문사.
(2) 김애영(2003), 《경제학의 이해》, 청목출판사.
(3) 김균 · 이만우 · 이학용(2000), 《경제학원론》, 율곡출판사.

37) 개별 소비자들의 수요곡선을 수평방향으로 더하면 시장의 수요곡선을 얻을 수 있음.

제 7 장

투 자 이 론

투자가 총수요에서 차지하는 절대적 비중은 소비가 차지하는 비중에 비해 상당히 작지만, 소비가 비교적 안정적임에 반해 투자는 경기상황에 따라 크게 변동한다는 점에서 오히려 경기변동 측면에서는 투자가 소비보다 영향력이 더 크다고 할 수 있어 경제안정을 위해서는 투자수요의 조절이 매우 중요함.

(1) 투자란

1) 정 의

- 경제학에서 투자(investment)라고 할 때는 '일정기간 동안 그 나라의 국내총생산(GDP) 중 기업이 구입한 자본재의 총가치'를 의미하는 것으로 소비와 마찬가지로 유량(flow) 개념임.

- 소비수요와 소비지출은 혼용할 수 있으나 투자수요와 투자지출은 혼용할 수 없음. ⇒ 투자수요(investment demand)란 사전적으로 계획된 투자 혹은 의도된 투자이고, 투자지출(investment expenditure) 혹은 투자란 사후적으로 실현된 투자를 말함.
  - 투자와 투자수요를 같이 취급할 수 없는 이유는 재고증감이 투자의 한 항목으로 들어가기 때문임.[38)]

---

38) 투자=총고정자본형성+실현된 재고증가, 투자수요=계획된 총고정자본형성+계획된 재고증가임. 기업은 통상 총고정자본형성을 계획한 대로 추진할 수 있어서 총고정자본형성=계획된 총고정자본형성으로 볼 수 있음. 그러나 재고증가의 경우는 계획한 대로 실현된다는 보장이 없기 때문에 실현된 재고증가=계획된 재고증가로 볼 수 없음. 재고증가의 실현은 소비자들이 기업제품을 얼마나 사주느냐에 달려 있기 때문임.

2) 투자의 구분

- 투자는 총고정자본형성을 이루는 고정투자와 재고증감에 의한 재고투자로 구분
  - 고정투자는 건설투자와 설비투자 및 무형고정자산투자로 나누어짐.
  - 재고증감은 다음 기를 대비해 미리 준비해 둔 것으로 볼 수 있으므로 투자로 분류함.

- 지리적으로 투자는 국내투자와 해외투자로, 투자주체에 따라서는 기업과 가계가 주체가 되는 민간투자와 정부가 주체가 되는 정부투자로 나눌 수도 있음.
  - 민간투자 중 중요한 것은 연구개발(R&D) 투자와 설비투자라고 할 수 있는데, 연구개발 투자는 주로 다른 기업과의 경쟁에서 이기기 위해 신제품이나 신기술을 개발하는 활동으로서 결과물이 나오는 데는 보통 오랜 시간이 걸리는 특성이 있으며, 설비투자는 기존의 생산능력을 늘리기 위해 공장을 증축하거나 기계설비를 구입하는 것을 말함.
  - 정부투자의 경우에는 대개 투자에서 떼어내 정부지출에 포함시키고 있는 경우가 많아 흔히 투자라고 말할 때는 민간투자만을 의미하는 것이 일반적임.

- 투자를 발생요인에 따라 분류하면 소득증가로 소비수요가 늘어남에 따라 발생하는 투자는 유발투자라 하고, 정부의 공공투자나 기술혁신에 따른 새로운 설비를 위한 독자적 투자는 독립투자라고 함.

- 투자가 자본량에 미치는 효과를 중심으로 분석할 경우 고정투자는 대체투자와 순투자(신규투자라고도 함)로 나눌 수 있음.
  - 대체투자란 기업의 생산과정에서 사용되어 없어진 자본재를 보충하는 것으로 고정자본소모[39]에 해당하는 부분을 보충하는 투자를 말함.

---

39) 공장이나 기계설비와 같은 고정자산은 일정기간이 경과하면 수명이 다하여 사용하지 못하게 됨. 그러나 고정자산의 가치는 수명이 다한 시점에서 한꺼번에 소멸되는 것이 아니라 사용되는 전 기간에 걸쳐서 평균적으로 감가하게 되는데, 이를 고정자본소모(감가상각)라고 함. 예를 들어 1억원의 가치가 있는 기계의 수명이 10년이라고 하면 매년 1,000만원씩 소모됨.

• 순투자는 전기 자본량을 초과하는 자본량으로 생산규모를 확장하는 투자를 말함.

3) 투자와 자본량

- 유량으로서의 투자는 총수요의 중요한 구성요소이면서 동시에 한 나라의 저량(stock)으로서의 자본량[40]을 변화시킴.
  • 즉 금기투자는 차기 자본량이 됨.
  • 순투자가 이루어졌을 때 비로소 전체 자본량이 증가한 것이며 국민경제의 생산규모가 확대된 것임.

- 총수요의 구성요소로서 투자를 말할 때는 투자의 경기조절 기능을 중시하는 것이며, 자본량의 결정요인으로서 투자를 논하는 것은 투자가 경제성장에 미치는 영향을 중시하는 것임.

(2) 투자의 결정요인

1) 투자와 불확실성

- 투자란 불확실한 미래에 승부를 거는 일과 같기 때문에 기업이 투자를 결정하기까지는 기획, 자금, 법률담당 팀의 치밀한 사전조사 후 성공할 확률이 실패할 확률보다 높다고 판단될 때 투자를 하지만 현실은 예상대로 움직여 주지 않음.
  • 시장상황을 잘못 예측함으로써 과잉투자로 인한 실패 가능성은 항상 존재함.

- 투자시점과 투자완료시점 간의 시차(time lag) 때문에 특히 투자의 불확실성이 높아짐.

---

40) 일정시점에서의 한 나라 경제가 보유하고 있는 자본재 총량을 말함. 투자가 유량 개념이라면 자본량은 저량 개념임.

2) 개별기업의 투자결정 : 투자의 한계효율

- 기업이 생산규모를 확장하려는 투자계획을 수립한다고 할 때 투자 여부를 판정하는 기준은 간단히 말해 들어간 투자비용보다 투자로 인한 수익이 많다면 투자를 하고, 그 반대라면 투자를 포기하는 것임.
  - 여기서 투자비용은 투자시점에서 이미 알려지는 반면에, 투자수익은 일정시간이 흐른 뒤에 발생하기 시작해 투자재의 내구연한 동안 지속된다는 점에서 투자재의 내구연한에 걸친 기업가의 예상에 의존할 수 밖에 없음.

- 매 해의 예상수익을 현재가치로 환산하기 위해서는 할인율(discount rate)이 필요한데, 케인즈는 매 해 예상수익의 현재가치의 합이 투자비용과 동일하게 되도록 하는 할인율을 투자의 한계효율(marginal efficiency of investment)이라고 불렀음.
  - 다시 말해 투자의 한계효율이란 기업이 한 단위의 투자를 증가시켰을 때 추가되는 효율을 의미하는 것인데, 이런 의미에서 개별기업이 예상하는 투자의 한계효율을 투자의 예상수익률이라고도 부름.

- 투자 여부를 판정함에 있어 중요한 요인은 기업이 예상하는 투자의 한계효율, 즉 예상수익률과 시장의 금리수준임.
  - 예상수익률이 높을수록, 그리고 금리가 낮을수록 투자결정이 이루어질 가능성이 높음.
  - 금리는 개별기업의 의사와는 상관없이 시장에서 결정되는 것인 반면, 예상수익률은 기업의 자체판단에 의존하기 때문에 주어진 금리수준에서 투자결정 여부는 기업의 예상수익률이 어떤 수준에 있는가에 따라 달라지는바, 미래 경제상황을 낙관적으로 보는 기업의 경우 예상수익률을 높게 잡을 것이므로 투자 가능성도 그만큼 높을 것임.
  - 한편 신축 주택시장의 경우 금리가 낮을수록 주택금융대출이 증가하고 주택구입이 활발해질 것이므로 건설투자는 증가함.

(3) 투자곡선과 투자곡선의 이동

1) 개별기업의 투자곡선

- 개별기업의 투자는 금리가 높을수록 감소하고 금리가 하락할수록 증가하므로 개별기업의 투자곡선은 금리에 대해 우하향하는 형태를 취함.

- 국민경제 전체의 투자곡선은 개별기업의 투자곡선을 수평으로 합하여 얻어지는데, 개별기업의 투자곡선이 우하향하므로 국민경제의 투자곡선 역시 금리에 대해 우하향하는 형태가 됨.

2) 투자곡선의 이동

- 주어진 금리수준 하에서 기업의 예상수익률이 상승하거나 소득증가, 소비수요 증가, 공공투자 증가, 기술혁신에 따른 독립투자 증가가 발생할 경우 투자는 증가할 것이므로 투자곡선은 우측으로 이동함.

[그림 7-1] 투자곡선의 이동[41]

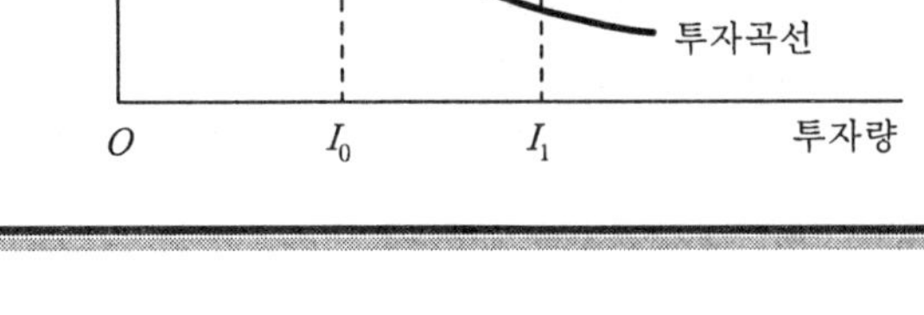

41) 주어진 금리수준에서 기업가의 예상수익률이 상승한다면 기업은 신규투자를 증가시킴.

(4) 소득증가와 투자 : 가속도원리

1) 독립투자와 유발투자

- 앞서 언급한 바와 같이 투자는 정부나 기업의 독자적 판단에 의해 발생하는 독립투자와 소득증가로 인해 발생하는 유발투자가 있음.
  - 독립투자는 말 그대로 소득에 관계없이 독자적으로 이루어지는 투자를 말함.
  - 이에 반해 소득이 증가하면 그에 따라 소비지출이 증가하고, 소비지출의 증가는 재고를 감소시키므로 산출량 증가와 이를 위한 설비투자를 자극하게 되는데, 이와 같이 소득증가로 인해 발생되는 투자를 유발투자(induced investment)라고 함.

2) 가속도원리

- 케인즈학파는 일찍이 유발투자는 최초 소득증가의 몇 배에 해당할 정도로 강하게 일어난다고 주장하고, 이를 가속도원리(acceleration principle)라고 불렀음.
  - 소득과 투자 간의 가속도원리에 대한 비판도 있는데, 즉 기업이 지난기에 판매하지 못한 재고(재고투자)가 많을 경우 소득과 소비지출의 증가가 투자로 이어지지 못한다는 지적이 그것임.

참 | 고 | 자 | 료

(1) 안홍식(2006), 《경제학원론》, 삼영사.
(2) 김대식 외(2007), 《현대 경제학원론》, 박영사.

제 8 장

기업의 생산활동

(1) 생산과 기업

1) 생 산

① 넓은 의미

- 인간의 효용을 증가시키는 일체의 행위, 다시 말해 희소한 자원을 사용하여 재화와 서비스를 만들어 제공하는 행위
  - 변형, 가공 등의 제조활동뿐만 아니라 운반, 저장, 포장, 의사의 진료, 가수의 노래 등도 인간의 효용을 증가시키므로 생산에 포함됨.

② 좁은 의미

- 자원의 변형, 가공 등의 제조활동
  - 보통 경제학에서 다루는 의미

2) 기 업

- 생산의 주체로서 희소한 자원을 결합하여 소비자가 필요로 하는 재화와 서비스를 생산하기 위한 인적 조직
- 기업의 의사결정 가운데 경제학에서는 기본적으로 기업의 생산과 가격 결정에 초점을 맞춤.
  - 기업은 생산결정에서 두 가지의 기본적인 사항을 고려하는데, 하나는 생산요소의 가격 또는 각 생산요소들의 생산성이고, 다른 하나는 상품의 가격임.

(2) 생산함수

1) 생산함수

- 일정기간 동안 생산에 필요한 생산요소의 투입량과 이를 투입하여 얻을 수 있는 최대의 산출량 사이의 기술적 관계를 나타내는 수식 ⇒ 유량 개념

- $Q=f(L, K)$
  - 주어진 기술로 일정기간 동안 투입된 노동량(L)과 자본량(K)으로부터 생산할 수 있는 최대의 산출량(Q)을 나타냄.

- 단기와 장기42)
  - 생산에 있어 단기와 장기의 구분은 고정생산요소의 유무로 함.
  - 단기 : 생산량 수준에 관계없이 기존의 공장이나 기계 등의 자본을 이용하여 생산할 경우, 이를 일반화시키면 적어도 하나 이상의 생산요소가 고정생산요소인 경우
  - 장기 : 생산량 증가에 따라 자본량이 변하여 가변생산요소가 되는 경우, 이를 일반화시키면 모든 생산요소가 가변생산요소가 되는 경우

2) 단기생산함수

① 총생산물

- 투입된 노동량으로부터 얻을 수 있는 최대의 산출량

- 이들 둘 사이의 관계를 그림으로 나타낸 것이 총생산(물)곡선임.

---

42) 생산요소 : 생산과정에 투입되는 요소, 가변생산요소 : 생산량 수준에 따라 투입량이 달라지는 생산요소, 고정생산요소 : 공장이나 기계와 같이 일단 규모가 정해지면 생산량의 증감에 따라 쉽게 규모를 변경할 수 없는 생산요소

[그림 8-1] 총생산곡선

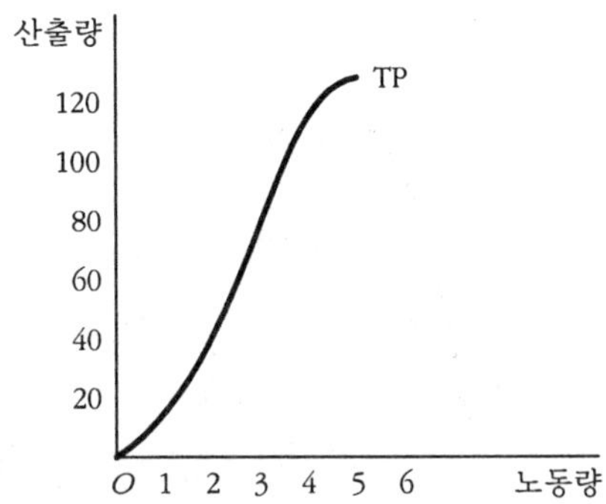

- 노동의 한계생산물과 평균생산물
  - 노동의 한계생산물(MP_L) : 노동을 한 단위 더 투입하여 추가로 얻는 산출량($\Delta Q/\Delta L$)
  - 수확체감의 법칙 : 노동 투입을 한 단위씩 늘려감에 따라 노동의 한계생산물이 처음에는 증가하다가 감소하는 현상
  - 평균생산물(AP_L) : 투입된 노동의 단위당 생산물로서 보통 노동생산성(Q/L)이라고 하는데, 노동의 평균생산물도 처음에는 증가하다가 감소함.

- 한계생산물과 평균생산물의 관계
  - $MP_L > AP_L \Rightarrow AP_L \uparrow$
  - $MP_L = AP_L \Rightarrow AP_L$ 극대
  - $MP_L < AP_L \Rightarrow AP_L \downarrow$

- 총생산물곡선으로부터 MP_L곡선과 AP_L곡선이 도출되는데, 이 둘의 관계를 그림으로 나타내면 다음과 같음.

[그림 8-2] MP_L 곡선과 AP_L 곡선

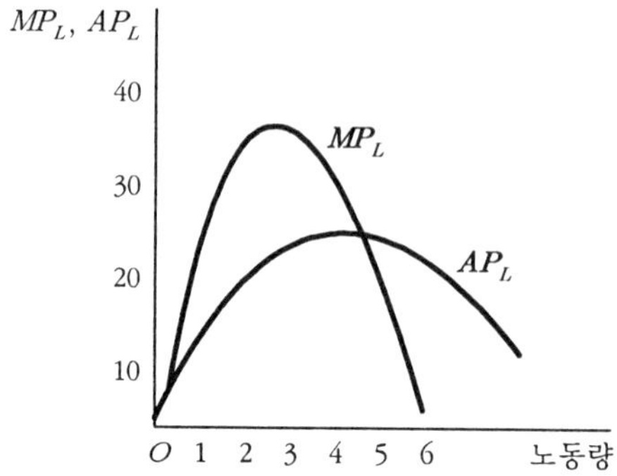

3) 장기생산함수

- 모든 생산요소의 투입량이 변함.

- 규모에 대한 보수 : 모든 생산요소를 동시에 같은 비율로 증가시키면 생산량은 얼마나 증가할 것인가를 나타냄.
  - 규모에 대한 보수불변(CRS : Constant Return to Scale) : 모든 생산요소의 투입을 두 배로 증가시킬 경우, 생산량도 정확히 두 배 증가한 경우
  - 규모에 대한 보수증가(IRS : Increasing Return to Scale) : 모든 생산요소의 투입을 두 배로 증가시킬 경우, 생산량이 두 배를 초과한 경우 ⇒ 규모의 경제[43)]
  - 규모에 대한 보수감소(DRS : Decreasing Return to Scale) : 모든 생산요

43) 비용의 측면에서 설명하면 생산의 규모가 커질수록 생산단가(평균비용)가 낮아질 때 규모의 경제(economies of scale)라는 특성이 있다고 말함. 반면 규모가 커짐에 따라 생산단가가 높아지는 경우에는 규모의 불경제(diseconomics of scale)가 있다고 말함. 이와 관련된 개념으로 한 기업이 여러 상품을 동시에 생산함으로써 비용 상의 이점이 생길 때 생산기술에 범위의 경제(economies of scope)의 특성이 있다고 말함.

소의 투입을 두 배로 증가시킬 경우, 생산량이 두 배에 미치지 못하는 경우 ⇒ 규모의 비경제(혹은 불경제)

(3) 생산비

- 기업은 수입과 비용의 차이인 이윤을 극대화하고자 함.

1) 비용의 개념

- 경제학에서는 비용을 생산요소에 대한 명시적인 지출로 정의하지 않는 대신 기회비용의 개념을 강조함.

① 명시적 비용과 암묵적 비용

- 명시적 비용 : 다른 사람들이 소유하고 있는 자원을 사용한 대가로 지불하는 비용 ⇒ 회계적 비용이라고도 함.
- 암묵적(잠재적) 비용 : 자신이 소유한 자원에 대한 기회비용으로 계약에 의한 지불이 아니므로 기업의 대차대조표에 나타나지 않음.
- 정상이윤 : 생산활동을 지속적으로 경영하도록 하는 동기
- 경제적 비용(기회비용) : 명시적 비용 + 암묵적 비용
- 경제적 이윤 : 총수입에서 총비용(경제적 비용)을 뺀 것 ⇒ 총수입과 총비용이 같을 때는 경제적 이윤이 0으로 기업이 정상이윤을 얻고 있음을 의미함.
- 회계적 이윤 : 총수입에서 명시적 비용 또는 회계적 비용을 뺀 것
- 회계적 이윤과 경제적 이윤의 관계를 그림으로 나타내면 [그림 8-3]과 같음.

② 사적 비용과 사회적 비용

- 사적 비용 : 기업이 생산에 직접 사용한 생산요소에 대하여 시장가격을 지불한 비용
- 사회적 비용 : 사적 비용 + 외부비용

[그림 8-3] 회계적 이윤과 경제적 이윤

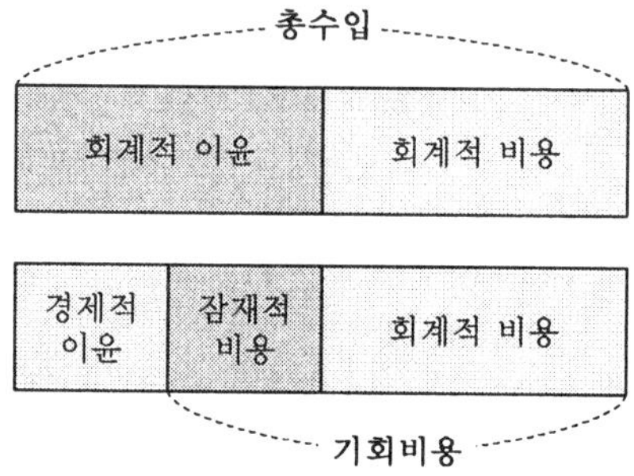

③ 단기비용과 장기비용

- 단기비용 : 고정생산요소가 존재하는 단기의 생산에 지불한 비용
- 장기비용 : 장기의 생산에 지불한 비용

2) 단기비용

① 총비용

- 고정비용 : 고정생산요소에 지불한 비용
- 가변비용 : 가변생산요소에 지불한 비용
- 총비용 : 고정비용 + 가변비용 $\Rightarrow$ $TC = TFC + TVC$

- 총비용곡선을 비롯한 관련 비용곡선을 그림으로 나타내면 [그림 8-4]와 같음.

② 고정비용과 가변비용

- 총고정비용은 생산량의 변화에 관계없이 일정
- 평균고정비용[44]은 직각쌍곡선으로 나타남.
- 평균가변비용[45]은 U자 형태를 취하게 됨.

[그림 8-4] 총비용곡선

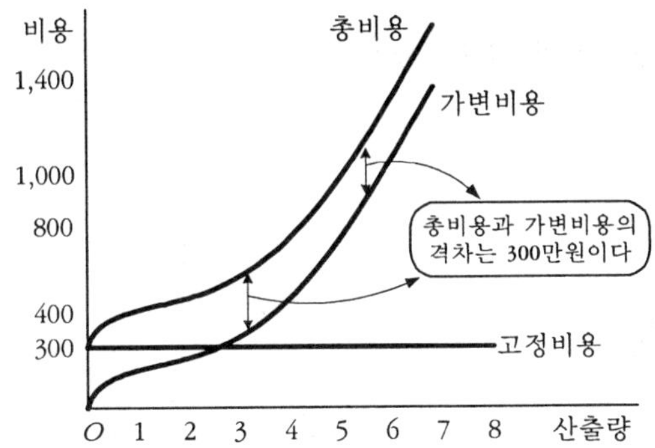

③ 한계비용과 평균비용

- 한계비용(MC) : 상품을 한 단위 더 생산할 때 추가로 소요되는 비용을 말함. 산출량이 증가함에 따라 처음에는 감소하지만 최소점을 지나면서 증가함.

---

44) 고정비용을 산출량으로 나눈 값, 즉 $AFC=\frac{TFC}{Q}$

45) 가변비용을 산출량으로 나눈 값, 즉 $AVC=\frac{TVC}{Q}$

$$\Rightarrow MC = \frac{\Delta TC}{\Delta Q} = \frac{(\Delta TFC + \Delta TVC)}{\Delta Q} = \frac{\Delta TVC}{\Delta Q}$$

- 평균비용(AC) : 총비용을 총산출량으로 나눈 단위당 비용을 말함.

$$\Rightarrow AC = \frac{TC}{Q} = AFC + AVC$$

- 평균비용과 한계비용 사이의 관계 : 한계비용이 평균비용보다 낮으면 평균비용은 낮아지고, 반대로 한계비용이 평균비용보다 높으면 평균비용은 오르게 됨.[46]

- 평균비용곡선과 한계비용곡선을 비롯한 관련 비용곡선을 그림으로 나타내면 [그림 8-5]와 같음.

[그림 8-5] 평균비용곡선과 한계비용곡선[47]

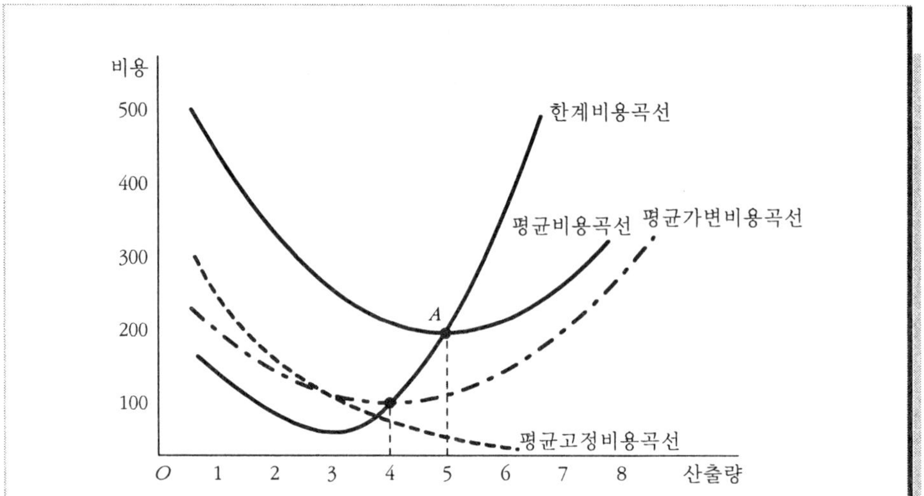

46) $AC > MC \Rightarrow AC\downarrow$, $AC = MC \Rightarrow AC$ 극소, $AC < MC \Rightarrow AC\uparrow$

47) 평균비용은 평균가변비용과 평균고정비용을 수직으로 합한 것임. 한계비용곡선과 평균비용곡선, 평균가변비용곡선은 모두 U자형임. 한계비용곡선은 평균비용곡선과 평균가변비용곡선의 최저점을 관통하여 올라감.

- 한계비용곡선이 U자 모양인 것은 수확체감의 법칙[48] 때문임.[49]

- 평균비용곡선도 한계비용 및 평균가변비용곡선과 마찬가지로 U자 형태를 취하되 그 위치는 평균가변비용 위 오른쪽으로 치우치게 됨.

④ 생산성과 비용의 관계

- 생산성 향상이란 같은 생산요소로 더 많은 산출량을 생산하거나, 같은 산출량을 더 적은 생산요소로 생산할 수 있음을 의미 ⇒ 단위당 생산비용의 감소 ⇒ 생산성과 비용은 반비례 관계

3) 장기비용

- 공장규모를 포함한 모든 요소들이 가변적이므로 기업의 생산규모는 장기에 예상되는 경제환경에 가장 적합하도록 조정될 수 있을 뿐만 아니라 신규기업의 진입과 기존기업의 퇴출도 이루어짐.

- 기업주는 이윤을 극대화하는 산출량을 최소의 장기비용으로 생산할 수 있는 공장규모를 모색할 것임.

- 장기평균비용곡선은 단기평균비용곡선의 포락선이라고 함.[50]
  - 모양은 U자형

---

48) 노동투입량이 증가하면 어느 정도까지는 노동의 한계생산물이 증가하다가 노동투입량이 어느 수준에 도달하면 그때부터는 노동의 한계생산물이 줄어들기 시작함을 의미

49) 한계비용곡선은 수확체감의 법칙(혹은 노동의 한계생산물)과 관련이 있으며, 평균비용곡선은 노동의 평균생산물과 유관함. 예컨대 수확체감의 법칙을 비용(한계비용)의 관점에서 보면 일정한 산출량을 계속 증가시키기 위해 처음에는 추가적인 비용이 감소하다가 나중에는 추가적인 비용(한계비용)이 증가한다는 의미임. 따라서 한계비용곡선은 처음에는 하락하다가 나중에는 증가하는 U자 형태를 지니게 됨.

50) 장기평균비용곡선이 단기평균비용곡선을 아래로부터 감싸는 이유는 장기는 단기보다 항상 생산비가 낮기 때문임. 장기에는 기업들이 생산시설 규모를 바꿀 수 있기 때문에 가장 낮은 생산비로 생산하는 것이 가능함. 반면 단기에는 정해진 생산시설 규모에 묶여 있기 때문에 장기에 비해 비용 면에서 불리함. 따라서 장기평균비용곡선은 단기평균비용곡선의 최저점을 연결하는 '포락선'(envelope)으로 나타내짐.

• 이유는 규모의 경제와 규모의 비경제로 설명 가능[51)]

- 최소효율규모(MES) : 장기평균비용이 최소화되는 생산량 수준을 말함.

- 장기평균비용곡선은 시간의 흐름에 따라 시설규모가 확장되어 갈 때 단기평균비용곡선이 이동하는 궤적으로부터 그려진 곡선일 뿐임.

[그림 8-6] 일반적인 장기평균비용곡선[52)]

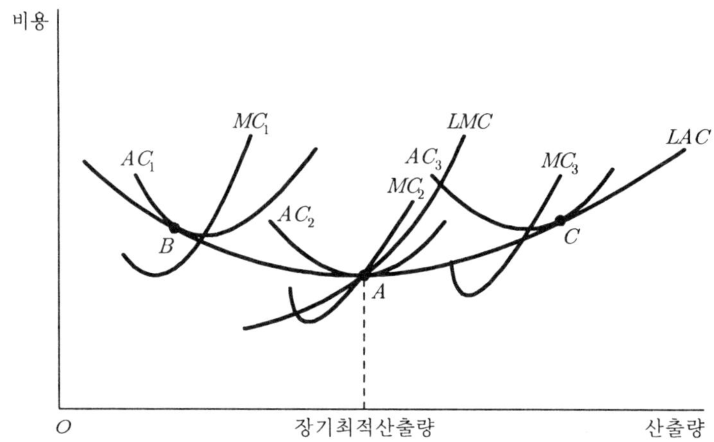

51) 기업 간 합병 현상을 통해 설명 가능. 합병을 통해 생산규모가 어느 정도 확대되면 여러 가지 측면에서 평균비용이 감소할 수 있음. 연구개발비의 중복을 막고, 새로운 시장 개척을 위한 노력과 비용을 감소시키고, 또한 빠르게 변화하는 시장에 효과적으로 대응함으로써 불필요한 비용을 감축할 수 있게 되기 때문에 평균비용이 감소하는 효과가 나타나게 됨. 또한 생산규모가 적정수준에 이르면 업무의 효율적인 분업화와 합리화 등이 가능해지므로 비용이 감소함. 이와 같은 현상을 규모의 경제라고 부름. 규모의 경제는 장기평균비용곡선의 하향하는 부분을 설명해 줌. 그러나 생산규모가 지나치게 확대되면 부작용이 나타날 수 있음. 의사결정이 관료화되고, 시장변화에 빠르게 대응하지 못하는 등, 기업의 체질이 비효율적이 됨으로써 평균비용이 높아질 수 있음. 이것을 규모의 비경제라고 함. 규모의 비경제는 장기평균비용곡선의 상향하는 부분을 설명해 줌.

52) AC_1은 최저점의 왼쪽에서 LAC에 접하고, AC_2는 최저점에서 LAC에 접하고, AC_3는 최저점의 오른쪽에서 LAC에 접함.

- 따라서 기업이 장기평균비용곡선으로부터 장기 최적 시설규모를 결정한다 하더라도 실제 생산활동은 그때의 단기평균비용곡선 위에서 하는 것임.
- [그림 8-6]에서 장기 최적생산량 수준인 A점에서 생산한다고 할 때 그때의 비용조건은 단기평균비용곡선 AC_2와 단기한계비용곡선 MC_2가 됨.

(4) 기업의 행동원리

1) 기업의 수입

① 총수입(TR)

- 판매수입으로 가격(P)에 판매량(Q)을 곱한 것임.
  - $TR = P(Q) \cdot Q$

② 한계수입(MR)

- 기업이 한 단위 더 판매하여 추가로 얻은 수입
  - $MR = \dfrac{\Delta TR}{\Delta Q}$

③ 평균수입(AR)

- 상품 한 단위당 수입
  - $AR = \dfrac{TR}{Q}$

- 총수입과 한계수입, 그리고 평균수입의 구체적 사례를 표와 그림으로 나타내면 각각 〈표 8-1〉과 [그림 8-7]임.

〈표 8-1〉 아이스크림 판매로부터 나오는 수입 (단위 : 만원)

아이스크림 판매량	가격(= 평균수입)	총수입	한계수입
0	-	-	
			230
1	230	230	
			190
2	210	420	
			150
3	190	570	
			110
4	170	680	
			70
5	150	750	
			30
6	130	780	
			−10
7	110	770	
			−50
8	90	720	
			−90
9	70	630	

[그림 8-7] 총수입곡선과 한계수입곡선[53)]

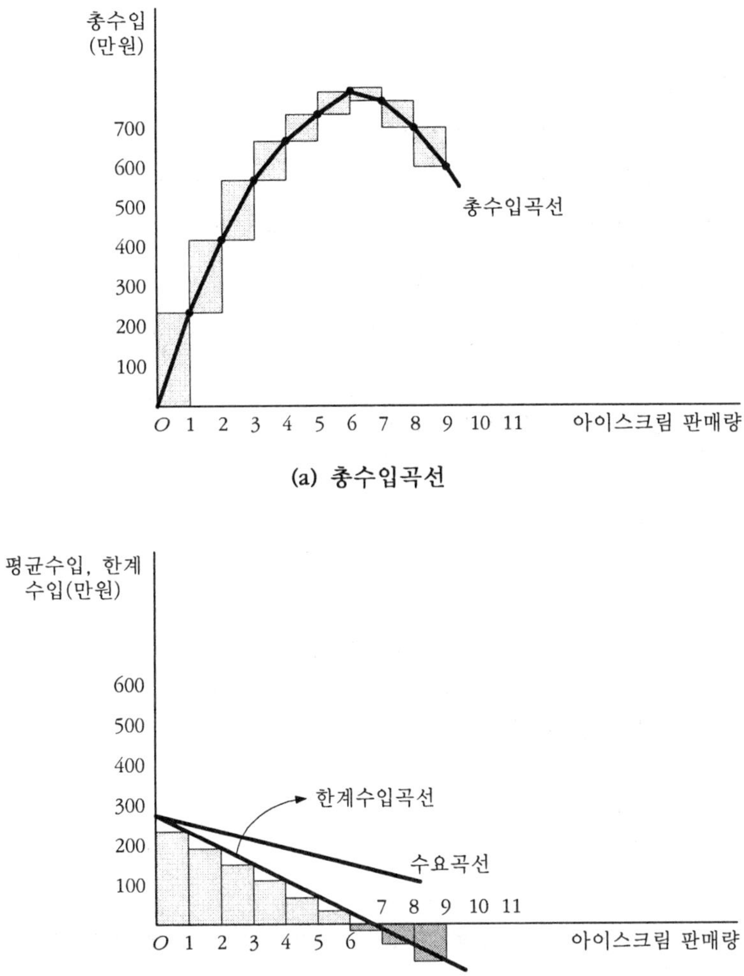

(a) 총수입곡선

(b) 한계수입곡선

53) 〈표 8-1〉은 아이스크림 판매량이 늘어감에 따라 총수입이 어떻게 변화하게 되는가를 보여주고 있음. 이를 그림으로 옮긴 것이 총수입곡선임. 이 곡선을 따라 만들어진 직사각형들의 높이는 아이스크림 판매량이 1단위씩 늘어날 때 (총)수입이 어떤 크기로 변화하는지를 나타내고 있음. 이 직사각형들을 나란히 배열한 것으로부터 한계수입곡선을 도출할 수 있음.

2) 기업의 이윤극대화 조건[54]

- 필요조건(1차조건)
  - $MR = MC$[55]
- 충분조건(2차조건)
  - 1차조건이 충족되었다 하더라도 이윤이 극대화되는 것이 아니라 극소화된 경우(손실극대를 의미)도 생길 수 있기 때문에 이윤이 극대화되는지 확신을 갖기 위해서는 2차조건이 충족되는지의 여부를 확인해야 함.
  - MC의 기울기 > MR의 기울기[56]
- 이윤극대화 생산량의 도출을 그림으로 나타내면 [그림 8-8]과 같음.

[그림 8-8] 이윤극대화 생산량의 도출(1) [57]

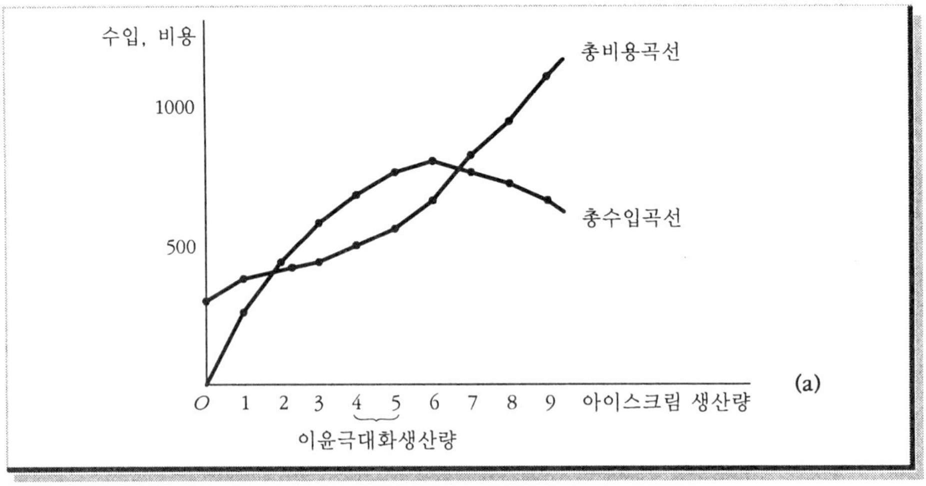

---

54) 다시 말해 이윤극대화 조건은 다음과 같음. π(이윤)= $TR(Q) - TC(Q)$이므로 이윤함수 역시 생산량(Q)의 함수임. 필요조건 : 이윤(π)함수를 Q로 1차 미분해서 0이 되는 조건, 충분조건 : 이윤(π)함수를 Q로 2차 미분해서 0보다 작게 되는 조건을 말함.

55) if $MR > MC \Rightarrow Q\uparrow$, if $MR < MC \Rightarrow Q\downarrow$, if $MR = MC \Rightarrow Q$무변(이윤극대)

56) $MR = MC$가 성립하는 생산수준에서 한계비용곡선이 한계수입곡선을 아래에서 위로 뚫고 지나가면 충분조건(2차조건)이 충족됨.

57) 이윤은 총수입에서 총비용을 뺀 것과 같음. 따라서 총수입곡선과 총비용곡선 사이의 수직거리가 가장 커지는 생산량의 수준에서 이윤이 극대화되는데, 그림에는 이것이 4개 혹은 5개로 나타나 있음. 아래쪽의 그림은 두 곡선 사이의 수직거리를 재어 별도로 만든 이윤곡선을 보여주고 있음.

[그림 8-8] 이윤극대화 생산량의 도출(2) 58)

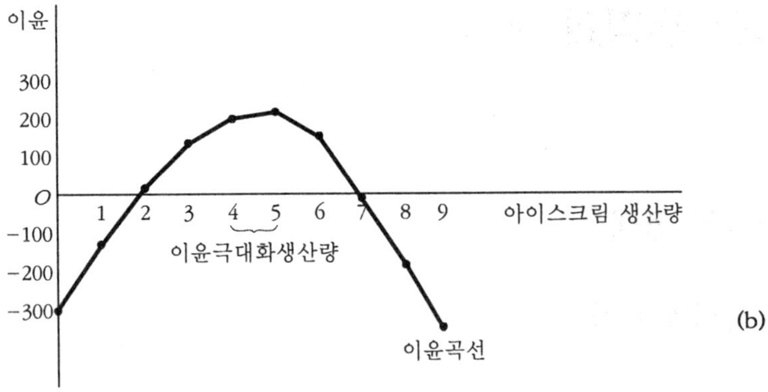

참 | 고 | 자 | 료

(1) 이준구 · 이창용(2007), 《경제학 들어가기》, 법문사.

(2) 김애영(2003), 《경제학의 이해》, 청목출판사.

(3) 김승욱 외(2008), 《알짬 시장경제》, 박영사.

58) 이윤은 총수입에서 총비용을 뺀 것과 같음. 따라서 총수입곡선과 총비용곡선 사이의 수직거리가 가장 커지는 생산량의 수준에서 이윤이 극대화되는데, 그림에는 이것이 4개 혹은 5개로 나타나 있음. 아래쪽의 그림은 두 곡선 사이의 수직거리를 재어 별도로 만든 이윤곡선을 보여주고 있음.

제 9 장

시장의 유형과 특징

(1) 시장의 형태

1) 시장형태의 유형

- 완전경쟁

- 불완전경쟁
  - 독점
  - 과점
  - 독점적 경쟁

2) 시장형태의 특성

① 판매자의 수(구매자는 많다는 것을 전제)

- 완전경쟁시장에서는 다수의 판매자가 존재하며, 그 반대의 극단이라고 할 수 있는 독점시장에서는 오직 하나의 판매자만이 존재함.[59)]

- 과점시장은 소수의 기업이 상품을 공급한다는 점에서 완전경쟁시장과 독점시장의 중간에 위치한다고 말할 수 있음.

- 독점적 경쟁시장의 경우 판매자의 숫자가 많다는 점에서는 완전경쟁시장과 비슷한데, 다른 측면에서의 차이 때문에 서로 다른 형태의 시장이 됨.

59) 수요자가 단 하나인 시장, 즉 수요독점시장도 존재할 수 있는데 상품의 경우는 거래되는 예가 지극히 드물고 주로 생산요소시장, 특히 노동시장에서 발견할 수 있음.

② 개별기업이 가격에 영향을 미칠 수 있는 능력

- 완전경쟁시장에서는 워낙 많은 수의 기업이 상품을 공급하고 있어 개별기업이 가격에 영향을 미칠 가능성은 전혀 없음.

- 반면에 상품의 유일한 공급자인 독점기업은 가격에 상당한 영향력을 행사할 수 있음.

- 과점시장 안의 기업들도 가격에 어느 정도의 영향력을 갖고 있는데, 이에 비하면 독점적 경쟁시장 안의 기업들이 갖는 영향력은 훨씬 더 작다고 말할 수 있음.

③ 상품의 동질성 여부

- 완전경쟁시장이 되기 위해서는 그 안에서 거래되는 모든 상품이 완전히 동질적이라는 조건이 충족되어야 함.

- 반면에 독점적 경쟁시장의 가장 큰 특징은 같은 상품이라도 어떤 기업이 만들었느냐에 따라 약간의 차이가 있는 차별화(differentiation) 현상이 나타난다는 점인데, 완전경쟁시장과 마찬가지로 공급자의 수가 많다는 점에서는 서로 같으나 이러한 차별화 현상이 존재하느냐의 여부에서 차이를 보이는 것임.

- 과점시장의 경우에는 그 안에서 거래되는 상품들이 동질적일 수도 있고 차별화 현상이 나타나고 있을 수도 있음.

④ 진입장벽의 존재

- 완전경쟁시장이 되기 위한 또 하나의 조건은 일체의 진입장벽(entry barrier)이 존재하지 않는 것임.

- 독점적 경쟁시장에서도 진입장벽은 존재하지 않는 것이 보통임.

- 그러나 독점시장에서는 진입의 기회가 거의 완벽하게 봉쇄되어 있는데,

만약 진입을 시도하는 기업을 억제할 진입장벽이 없다면 독점시장의 존립 그 자체가 불가능해짐.

- 과점시장에서는 진입장벽이 상당한 정도로 존재한다고 말할 수 있음.

⑤ 비가격경쟁의 존재

- 비가격경쟁이란 가격 이외의 수단, 예를 들어 상품의 질, 서비스, 광고 등을 통해 기업들이 경쟁을 벌이는 것을 뜻함.
- 완전경쟁시장에서는 비가격경쟁이 거의 존재하지 않으리라고 예상할 수 있음.
- 그러나 상품의 차별화를 특징으로 하는 독점적 경쟁시장에서는 비가격경쟁이 매우 흔하게 일어남.
- 한편 소수의 기업만이 존재하는 과점시장에서 가격을 통해 경쟁하는 것은 매우 위험스런 일인데, 한 기업이 가격을 낮추면 다른 기업들도 이에 질세라 다투어 낮추어 서로에게 손해가 되는 가격전쟁으로까지 번질 수 있기 때문에 과점시장 안에서의 기업은 가격 이외의 수단을 통해 경쟁하는 안전한 방법을 택할 가능성이 큼. ⇒ 일반적으로 과점시장의 기업들은 광고에 많은 돈을 쏟아 붓는데, 이는 안전하게 경쟁하는 방법을 선택한 결과라고 말할 수 있음.

(2) 완전경쟁시장

1) 특 징

① 완전경쟁시장을 공부하는 이유

- 현실의 시장형태를 이 이상적인 시장에 비교하여 평가하기 위함.
- 이 시장형태가 가장 간단하기 때문

② 성립조건

- 무수히 많은 작은 기업들이 존재해야 함.
- 거래되는 상품은 동질적이어야 함.
- 기업의 시장 진입과 퇴출이 자유로워야 함.
- 완전한 정보가 시장의 모든 참여자들에게 공유되어야 함.

2) 단기에서의 이윤극대화와 공급곡선

① 기업의 이윤극대화

- 기업은 매우 다양한 동기를 통해서 기업활동을 추구하지만 기업활동의 일차적인 동기는 이윤의 추구에 있다고 볼 수 있음.
- 시장 전체의 수요곡선은 우하향하는 모양을 갖지만 개별기업의 수요곡선은 수평선이 됨. ⇒ 완전경쟁기업들은 가격순응자적 역할을 수행하게 되는바, 이는 기업의 입장에서는 시장에서 결정된 가격을 바꿀 수도 없지만, 한편으로는 주어진 시장가격에 자신이 원하는 만큼 판매할 수 있다는 것을 의미
- D(수요곡선) = P(시장가격) = AR(평균수입) = MR(한계수입)의 관계 성립 ⇒ 완전경쟁시장에서는 한계수입이 항상 시장가격과 일치
- 이윤극대화 조건
  - MR(한계수입) = MC(한계비용)
- 완전경쟁기업들은 한계비용만 정확하게 계산할 수 있다면 이익을 극대화하기 위해 생산규모를 어느 정도로 해야 하는지 알 수 있음.
- 가격이 평균비용곡선의 최저점보다 더 낮을 때 기업은 생산을 중단 ⇒ 가격이 생산중단 가격보다 더 높을 때 한해 생산활동을 하게 됨.

[그림 9-1] 단기에서의 이윤극대화

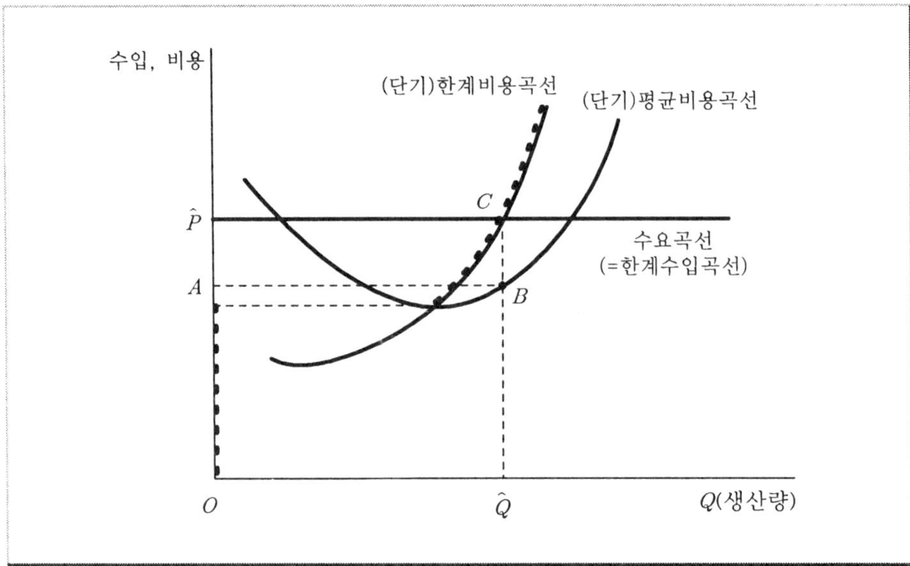

② 공급곡선의 도출

- 가격이 평균비용곡선의 최저점보다 더 낮으면 공급량이 0이 될 것이므로 가격이 이 구간에 있을 때의 공급곡선은 수직축 위의 선분이 됨.

- 가격이 평균비용곡선의 최저점보다 높으면 기업은 가격을 나타내는 수평선이 한계비용곡선과 교차하는 곳의 생산수준을 선택 ⇒ 가격이 이 구간에 있을 때의 공급곡선은 한계비용곡선과 일치하게 됨. ⇒ 개별기업의 공급곡선이 됨.

- 개별기업의 공급곡선을 수평으로 더함으로써 시장 전체의 공급곡선 도출

3) 장기균형

① 장기조정과정

- 단기에서 완전경쟁시장 안의 기업들이 양(+) 혹은 음(−)의 이윤을 얻게 되면 기업들은 시장 안으로 진입하거나 혹은 시장으로부터 이탈하게 됨.
- 그 결과 산업 전체의 공급이 변화를 일으켜 가격이 변동하게 되는데 이런 일련의 과정을 말함. ⇒ 이러한 장기조정은 장기균형상태가 이루어질 때까지 계속됨.

② 장기균형

- 시장 안의 모든 기업들이 0의 경제적 이윤만을 얻고 있어 더 이상 진입이나 이탈이 일어나지 않는 상태를 말함.
- 정상이윤만을 얻고 그 이상의 추가적인 이윤은 얻지 못한다는 것을 의미
- 성립조건
  - 각 기업의 이윤[60]이 극대화되어 있어야 함.
  - 그 이윤이 0이어야 함.[61]
  - (시장 전체의)수요량과 공급량이 서로 같아야 함.

---

60) 여기서 이윤은 수입에서 기회비용을 뺀 경제적 이윤을 말함.

61) 이는 기업이 정상이윤만을 얻고 그 이상의 추가적인 이윤은 얻지 못한다는 것을 뜻함. 투하된 자본에 대한 정상적인 수익(이는 기회비용의 일부로 포함되어 있는 상황으로 정상이윤이라고 불리기도 함)을 얻고 있는 상태이기 때문에 정상이윤을 얻는 기업들이 도태되지 않은 채 계속 생산활동을 하는 것은 너무나도 당연한 일임.

[그림 9-2] 완전경쟁시장의 장기균형[62)]

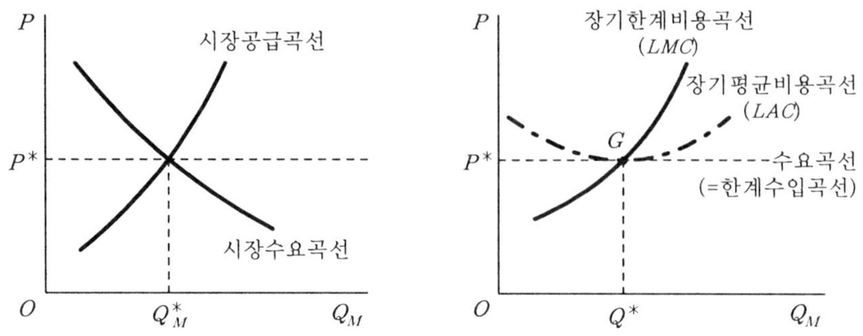

(a) 시장균형 (b) 개별기업의 이윤극대화

4) 완전경쟁시장은 어떤 점에서 바람직한가?

① 자원배분의 효율성 충족

- 완전경쟁기업의 생산량 결정은 $P=MC$가 성립되는 상태에서 이루어짐.
  - If $MB(=P)>MC \Rightarrow Q$의 생산을 증가시킴으로써 순사회편익을 증대시킬 수 있음. ⇒ 현재의 재화생산이 비효율적임을 의미
  - If $MB(=P)<MC \Rightarrow Q$의 생산을 감소시킴으로써 순사회편익을 증대시킬 수 있음. ⇒ 현재의 재화생산이 비효율적임을 의미[63)]

---

62) 완전경쟁시장의 장기균형에서는 가격이 장기평균비용곡선의 최저점의 높이와 같아져 개별기업의 (극대화된) 이윤은 0이 됨. 그렇기 때문에 더 이상의 진입과 이탈이 일어나지 않게 되는 것임.

63) 다른 시각에서 설명하면 다음과 같음. 시장가격(P)은 해당 상품의 가치이고, 한계비용(MC)은 기회비용의 개념을 적용하여 포기한 다른 상품의 가치라고 볼 수 있음. 따라서 $P=MC$의 의미는 생산된 상품의 가치가 포기한 상품의 가치와 똑같다면 사람들의 만족을 더 크게 할 수 있는 자원배분의 다른 방법은 없음을 의미함. 이는 곧 현재의 자원배분이 가장 효율적인 상태임을 의미함. 다시 말해 자원을 어디에 쓰나 무차별하다는 것으로 자원을 가장 효율적으로 사용하고 있는 상태를 말함. if $P>MC \Rightarrow Q\uparrow$(해당 상품이 충분히 생산되지 않았고, 따라서 그 상품의 생산에 지나치게 적은 자원이 배분되고 있다는 의미임. 따라서 그 상품의 생산을 증가시키면 사람들은 더 큰 행복을 느낄 수 있게 됨. 그렇게 함으로써 자원배분이 더 효율적으로 이루어질 수 있게 되는 것임)

- 장기균형상태에서 각 기업은 장기비용곡선의 최저점에서 생산⇒가장 낮은 생산 단가에서 해당 상품을 생산

② 한계

- 자원배분의 효율성이 높다고 해서 반드시 모든 것이 바람직한 것은 아님. ⇒ 완전경쟁시장은 상품의 개성이나 기업의 상품차별화 노력이 불필요한 무미한 시장
- 일련의 전제조건이 충족된 다음에야 완전경쟁시장에서의 자원배분이 효율적으로 이루어질 수 있음.
- 소득분배의 공평성은 기대할 수 없음.

(3) 독점시장

1) 독점시장의 특징

- 단 하나의 공급자
- 대체재가 존재하지 않음.
  - 그러나 유사 대체재는 현실적으로 존재(간접적 경쟁기업)
- 완전한 진입장벽
  - 그러나 현실적으로 잠재적 경쟁기업을 의식하지 않을 수 없음.
  - 개방화 추세로 인해 진입장벽이 완벽하다고 말하기 곤란

2) 독점시장의 균형

① 독점기업의 이윤극대화 조건

- 독점기업은 가격설정자가 됨. ⇒ 독점기업은 시장에서 유일한 기업이므로 시장수요곡선이 바로 독점기업의 수요곡선이 되고, 따라서 독점기업은 우하향하는 수요곡선과 마주치게 됨.

- 한계수입은 가격보다 작음.[64] ⇒ $MR < P$

- 이윤극대화 조건
  - $MR = MC$

② 독점기업의 공급곡선

- 독점기업은 공급곡선이 존재하지 않음.
  - 독점기업은 완전경쟁기업과 같이 시장가격이 어느 수준이면 공급량을 어느 수준으로 하겠다고 하는 사전적인 계획이 존재하지 않고 그때그때 시장수요의 크기를 감안하여 이윤극대화를 위한 공급량을 결정함.

[그림 9-3] 독점시장의 균형[65]

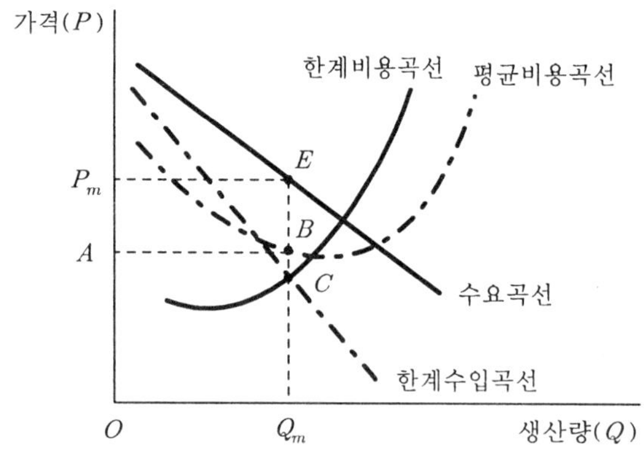

64) 우하향하는 수요곡선으로부터 한계수입곡선을 구하면 역시 우하향하면서 기울기가 한층 더 가파른 모양이 된다는 사실만 알아두기 바람. 수치를 이용하여 간단히 살펴보면 다음과 같음.

P(가격)	Q(생산량)	TR(총수입)	MR(한계수입)
10	5	50	4
9	6	54	2
8	7	56	0
7	8	56	

65) 이윤극대화를 추구하는 독점기업은 $MR = MC$의 조건이 충족되는 생산수준을 선택하는데, 이 균형상태에서 가격이 한계비용보다 더 높은 결과가 나타남.

3) 독점의 경제적 효과

① 비효율적인 자원배분

- 독점의 경우 가격은 한계비용보다 높음. ⇒ $P > MC$[66]
- 독점으로 인한 사회후생의 손실 발생

[그림 9-4] 경쟁시장과 독점시장[67]

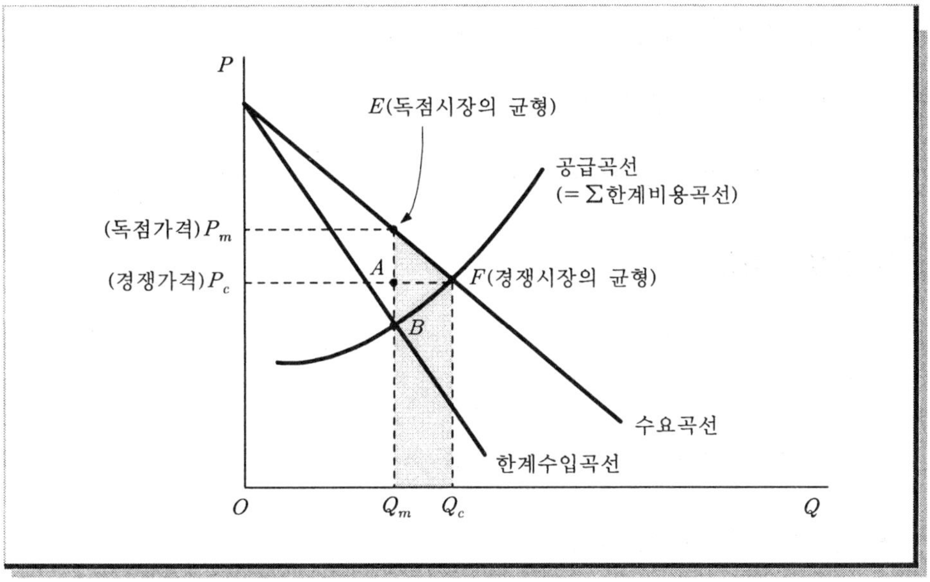

66) 상품의 가격이 한계비용보다 높다는 것은 소비자들이 독점기업이 생산하고 있는 상품을 더 원하고 있다는 의미임. 그러나 독점기업은 독점이윤을 누리기 위해서 자신의 상품을 더 생산하지 않음. 즉 독점기업은 자신의 상품생산에 지나치게 적은 자원을 배분하고 있는 것임. 따라서 사회 전체적으로 볼 때 자원배분이 효율적으로 이루어지고 있지 않게 됨. 독점기업의 상품이 더 생산되도록 자원이 배분된다면 사회 전체의 후생은 증가될 수 있음.

67) 완전경쟁체제와 비교해 볼 때, 독점체제하의 생산량은 더 작고 가격은 더 높은 것을 알 수 있음. 독점으로 인한 사회후생의 손실은 삼각형 모양의 *EBF*의 면적으로 나타낼 수 있음.

② 비효율성의 또 다른 원인

- 비용절감에 힘을 기울이지 않고 경영을 방만하게 운영할 수 있음. ⇒ 경영의 부실에 따른 비효율성 초래(라이벤스타인은 이를 X-비효율성[68] 이라고 불렀음)

- 정부에 의해 독점권을 부여받을 경우에는 독점권을 획득하거나 유지하는 데 비용이 발생 ⇒ 독점적 이윤을 얻기 위한 로비활동 등의 비용으로 인해서 결국 독점기업도 그 독점적 이윤이 다 소진될 것이고, 따라서 독점유지의 사회적 비용이 발생할 수 있음.

- 형평성 악화 ⇒ 부의 편중 심화

- 소비자 선택의 자유가 줄어들어 소비자주권이 침해받을 수 있음.[69]

③ 긍정적 측면

- 국내시장이 협소해서 자연독점이 이루어진 경우에는 독점기업이 더 효율적으로 생산할 수도 있음.

- 독점이윤이 있기 때문에 오히려 기술혁신이 가능하다는 주장도 있음.

④ 독점에 대한 정부의 정책

- 국유화
  - 반드시 좋은 대응책은 아님. ⇒ 공기업의 민영화 추진

- 가격규제
  - 독점기업이 마음대로 가격을 매기지 못하도록 규제함으로써 독점력의 사용을 억제하려는 의도에서 실시됨.

---

68) 라이벤스타인(Leibenstein)의 X-비효율성(extra-inefficiency)

69) 소비자에 의해 자원배분이 이루어져야 하나 독점기업, 즉 공급자에 의해 소비자의 선호가 창출되어 자원이 배분됨. 다시 말해 소비자가 주체가 되지 못하고 종속적인 상태로 전락. 자원배분에 소비자의 선호가 존중되고 반영되지 못함을 의미함.

- 경쟁촉진정책
  - 하나의 거대 독점기업이 산업 전체를 좌우하도록 방치하는 것보다는 비록 제한적이나마 경쟁체제를 도입하는 편이 더 나을 것이라는 생각에 그 기초를 두고 있음.

4) 가격차별(price discrimination)

① 정의

- 독점기업이 이윤을 더 크게 만들기 위해 동일한 상품에 대해 차별적으로 가격을 책정하는 행위

② 성립 조건

- 소비자를 그 특성에 따라 두 개 이상의 다른 집단으로 나눌 수 있어야 함.
- 독점기업이 각 소비자의 특성을 쉽게 알아낼 수 있어야 함.
- 소비자가 가격이 낮은 시장에서 상품을 구입해 가격이 높은 시장으로 가서 되파는 행위를 막을 수 있어야 함.

③ 실례

- 소득계층별 차별화(영화관람 요금 등)
- 사용시간에 따른 차별화(성수기와 비수기)
- 내수시장과 수출시장
- 신규고객과 기존고객(휴대폰 시장 등)

(4) 과점시장의 모형

1) 특 징

- 소수의 기업이 상품을 생산, 공급하는 시장형태

- 치열한 비가격경쟁과 가격의 경직성(가급적 가격경쟁을 회피하고 광고나 상품차별화 등 비가격경쟁에 의존)

- 상당한 정도의 진입장벽(혹은 전략적 진입장벽)이 존재
  - 신규기업 진입 시 기존기업들이 가격을 충분히 낮추어 신규기업이 이 가격으로는 손실을 보게 됨.
  - 활발한 광고활동으로 기존기업의 상표가 너무 많이 알려져 있음.
  - 기존기업들이 수많은 차별화된 상품을 만들어 내어 소비자의 다양한 기호를 이미 충족시켜 줌.

- 상대방의 반응을 고려해 자신의 행동을 결정해야 하는 전략적 상황이 존재하기 때문에 이론화하기에 특히 어려움이 많음.
  - 기업 간 상호의존관계
  - 정형화된 이론이 없음. ⇒ 상황 및 전략에 따른 이론이 다양

- 담합의 가능성 존재

2) 모 형

- 담합 여부에 따라 다음과 같은 세 가지 범주의 과점시장모형이 존재[70]

① 각 기업이 독자적인 행동을 한다고 보는 모형

- 꾸르노모형(Cournot model)
  - 경쟁기업이 현재의 생산량을 그대로 유지할 것이라는 기대하에서 자신의 행동을 선택

- 베르뜨랑모형(Bertrand model)
  - 각 기업은 상대방이 현재의 가격을 그대로 유지할 것이라는 기대하에서 자신의 행동을 선택

- 굴절수요곡선모형(kinked demand curve model)

---

70) 과점시장을 설명하는 이론 중 가장 각광을 받는 이론은 게임이론임.

• 자신이 가격을 낮추면 경쟁기업들도 덩달아 가격을 내리는 반면, 가격을 올릴 경우에는 현재가격을 그대로 유지해 고객을 끌어가려 할 것으로 예상

② 암묵적인 담합체제를 형성한다고 보는 모형

- 가격선도모형(price leadership model)
  • 과점시장 안의 한 기업이 가격을 설정해 놓으면 다른 기업들이 이에 따르는 형태로 암묵적인 담합이 이루어진다고 설명

③ 완전한 담합을 이룬다고 보는 모형

- 카르텔(cartel) 모형
  • 과점시장 안의 기업들이 완전한 담합을 이루어 마치 거대한 독점기업처럼 행동한다고 보는 모형인데, 가맹기업들의 이기적 행위에 의해 와해될 수 있는 원천적 취약성이 존재하고 있음.

(5) 과점시장과 게임이론

- 게임이론(game theory)은 1944년 폰노이만(J. von Neuman)과 모겐슈테른(O. Morgenstern)에 의해 본격적으로 제기되었는데, 게임이론에서 경기자들이 승리하기 위해 온갖 전략을 짜내는 것은 과점시장에서 과점기업들이 서로 더 많은 이윤을 확보하기 위해 전략을 세우는 것과 흡사함.

1) 게임이론이란[71]

- 경제학에서는 경매의 경우처럼 어떤 행동의 결과가 참여자 자신뿐 아니라 다른 참여자의 행동에 의해서도 결정되는 상황에서 어떻게 행동하는 것이 가장 유리한지를 분석하는 분야가 있는데, 이를 게임이론이라고 함.

---

71) 조선경제(2007) 참조.

• 최근에는 경제학뿐 아니라 여러 학문 분야에서 유용하게 사용되고 있음.

- 경매는 왜 할까?
  • 경매는 참가자들이 부르는 값에 따라 물건의 가격과 주인이 결정되는 방식임. ⇒ 판매자 입장에서는 높은 가격에 팔 수 있고, 사는 사람도 자기가 지불하고자 하는 금액수준에서 살 수 있기 때문에 효율적인 제도라고 할 수 있음.
  • 보통 시장에서 상품을 거래하면 미리 가격을 정해 놓고 사고파는데, 왜 가격을 정해 놓지 않고 경매를 하는 걸까? ⇒ 경매로 거래되는 물품들은 가격을 매기기 어려운 경우가 많기 때문임.
  • 예컨대 이름난 예술가 작품의 경우 많은 사람들이 갖고 싶어 할 수 있지만 사람마다 지불하고자 하는 가격은 다를 수 있으며, 또한 법원의 주택경매처럼 공개적으로 정해진 경매규칙에 따라 판매함으로써 특혜 소지를 없애기 위해 사용되기도 함.

- 경매의 종류
  • 먼저 참가자의 제시가격을 공개하느냐, 하지 않느냐에 따라 공개경매와 입찰제로 나눌 수 있음.
  • 공개경매는 예술품이나 농수산물 경매처럼 구매자들이 현장에서 제시된 가격을 즉각 알 수 있도록 진행하는 방식이고, 입찰제는 참가자들이 각자 희망가격을 기재한 서류를 남들이 보지 못하도록 봉투에 넣어서 판매자에게 제출하는 방식임.
  • 또 공개경매는 가격을 점점 올려가느냐 아니면 내려가느냐에 따라 영국식 경매와 네덜란드식 경매로 나누기도 함.[72]
  • 구매자가 어떤 가격을 제시하는 것이 가장 유리하고 그 결과가 어떤지는 경매방식에 따라 차이가 있는데, 이와 관련된 경매전략을 경제학에서는 게임이론이라는 분야에서 다루고 있음.

---

72) 영국식 경매는 높은 가격이 나올 때까지 가격을 올려나가서 가장 높은 가격을 부른 사람이 물건을 차지하는 방식으로, 우리가 흔히 알고 있는 방식임. 반대로 네덜란드식 경매는 높은 가격에서 시작하여 희망자가 없으면 가격을 조금씩 내리다가 가장 먼저 높은 가격으로 구매하려는 사람에게 판매하는 방식을 말하는데, 과거 네덜란드에서 튤립이 거래될 때 사용되던 방식에서 유래했다고 함.

- 경매에서 이기기만 하면 좋을까?
  - 여러분이 경매에 참여한다고 생각할 때, 높은 가격을 제시하여 낙찰받게 된다면 항상 이익일까? ⇒ 이는 경매대상이 되는 물건의 성격에 따라 다를 수 있음.
  - 예술품과 같이 사람마다 기호가 다른 경우라면 다른 사람이 좋지 않게 평가하더라도 어떤 사람은 자신의 취향에 맞을 수도 있어 좋아하는 예술품이라면 거액을 주고 살 수도 있음. ⇒ 이렇게 본질적으로 평가가 다를 수밖에 없는 물건의 경우, 자신이 주관적으로 생각하는 가치만큼을 경매가격으로 제시하여 낙찰받을 수 있다면 만족할 수 있을 것임.
  - 하지만 경매대상의 객관적 가치가 존재하지만 정보부족 등으로 참가자마다 평가가 다른 물건의 경우에는 사정이 다를 수 있음.
  - 예를 들어 원유채굴권에 대한 경매가 이루어진다고 하면 그 매장량에 대해서는 실제 채굴하기 전까지 정확하게 알 수 없기 때문에 경매 참가자들은 여러 조사를 근거로 추정만 할 수 있을 것임. ⇒ 경매를 하게 되면 매장량을 가장 많게 보고 높은 금액을 쓴 기업에게 권리가 돌아갈 테지만, 실제 채굴해 보니 당초 기대보다 못해 오히려 손해를 보는 경우가 생길 수도 있음. ⇒ 경매이론에서는 이를 '승자의 저주 혹은 불행'(Winner's curse)이라고 하는데, 즉 경매대상에 지나치게 높은 가격을 제시했기 때문에 경매에 이기고도 손해를 보는 현상을 가리킴.

2) 게임의 분류

① 순차적 게임(sequential move game)

- 순서에 따라 상대방의 전략을 확인한 후 자신의 최적전략을 결정하는 방식으로 바둑, 오목, 테니스, 골프 등의 경기에서 나타나는 게임형태임.

- 순차적 게임에서는 보통 먼저 움직이는 사람이 더 유리함.

② 동시적 게임(simultaneous move game)

- 경기자들이 동시에 자신의 최적전략을 내놓는 형태의 게임을 말함.
- 과점기업 간의 게임은 대부분 동시적 게임이라고 할 수 있음.
- 동시적 게임은 한 시점에서 경기가 끝나므로 정태적(static) 경기라고 하며 순차적 게임은 시간의 흐름에 따라 경기가 이루어지므로 동태적(dynamic) 게임이라고 함.

3) 게임의 균형

- 게임에서 각 경기자가 자신의 선택을 더 이상 변경시킬 이유가 없을 때 게임은 균형에 이르렀다고 하며, 이때 두 경기자가 선택한 전략의 쌍을 해(solution)라고 하며 해를 얻어 각자 자신의 보수를 받으면 게임은 종료됨. 게임의 균형으로는 여러 가지가 있는데, 잘 알려진 것으로는 우월전략균형과 내쉬(Nash)균형이 있음.[73]

4) 우월전략균형

① 의미

- 우월전략(dominant strategy)이란 상대방의 전략에 관계없이 나에게 최선인 전략을 말하며 나의 우월전략과 상대방의 우월전략이 각각 존재할 때 우월전략들의 쌍을 우월전략균형이라고 함.
- 어떤 게임 상황에서는 우월전략균형이 존재하지 않을 수도 있음.

---

73) 이는 여러 가지 균형 가운데 안정적 균형의 개념이라고 할 수 있음.

② 사례 : 용의자의 딜레마[74)]

- 예를 들어 〈표 9-1〉의 '용의자의 딜레마'(prisoner's dilemma)에서 보수행렬(payoff matrix)[75)]의 숫자는 각자의 형량을 나타내는데, 두 용의자는 범죄경력이 많은 자들로서 이번 범죄에서 자신들이 체포되었을 경우 혐의를 자백하거나 부인할 경우 각자가 받게 될 형량을 잘 알고 있음.
  - 따라서 두 사람은 범죄를 계획할 때 체포되면 끝까지 혐의를 부인하기로 약속을 했다고 함.

- 〈표 9-1〉에서 보듯이 두 사람이 끝까지 혐의를 부인하면 증거 불충분으로 각자 1년형을 살게 됨.

〈표 9-1〉 용의자의 딜레마

Payoff matrix		용의자 2	
		자백(A)	부인(B)
용의자 1	자백(X)	(−3, −3)	(0, −6)
	부인(Y)	(−6, 0)	(−1, −1)

- 두 사람은 범행 후 모두 체포되어 분리된 장소에서 심문을 받게 되었는데, 용의자 1은 용의자 2가 부인하든 자백하든 자백하는 것이 더 형을 적게 살기 때문에 용의자 1의 우월전략은 자백이 됨.

---

74) 한마디로 용의자 1과 용의자 2는 서로 신의를 지키는 경우 가장 낮은 형벌을 받을 수 있지만, 서로 배반하는 쪽을 택함으로써 더 무거운 형벌을 받게 된다는 것임. 즉 용의자의 딜레마는 간단함. 두 용의자가 각자 범행을 부인하면 증거가 없어 모두 풀려날 수 있는데, 상대방이 죄를 인정하고 자신만 부인하면 혼자 더 강한 처벌을 받을까 두려워 결국 2명 모두 죄를 자백하고 만다는 것이 그 내용임. 이 같은 '비극적' 결과가 도출되는 것은 양자가 협조할 수 없는 환경에서 비롯됨. 양자를 같은 곳에서 취조한다면 눈짓 등으로 부인하자는 모의를 할 수 있지만, 서로 격리돼 있으면 이 같은 협조는 불가능해지고 결국엔 딜레마에 빠지게 됨. 이와 관련하여 매일경제(2009. 4. 10) 참조.

75) 게임의 결과 각 경기자에게 귀속되는 몫을 보수라고 하는데, 이러한 보수를 모아 정리한 표를 보수행렬이라고 말함.

• 마찬가지로 용의자 2는 용의자 1이 부인하든 자백하든 자백하는 것이 자신의 최적전략이고 우월전략임.

- 두 용의자의 우월전략균형은 (자백, 자백)이며 이때 두 용의자의 보수는 (−3, −3)이 됨.
  • 그런데 두 용의자가 취한 우월전략균형은 파레토열위(Pareto inferior)인데, 왜냐하면 (−1, −1)의 보수를 주는 (부인, 부인)전략이 보다 나은 전략으로 파레토우위(Pareto superior)이기 때문임.

- 그러므로 비협조적 게임은 경기자의 최적선택이 파레토열위일 수 있다는 문제점을 던져줌.

- 사실 두 용의자는 우월전략균형인 (−3, −3)보다 더 나은 보수를 주는 (−1, −1)을 서로 약속했으나 지키지 않았는데, 왜 그랬을까?
  • 그것은 그들의 약속이 신뢰가 없었기 때문임.

- 만일 출옥 후 배신자에 대한 엄청난 보복이 가능하다고 한다면 끝까지 부인하기로 한 약속이 지켜졌을 것임.
  • 즉 신뢰할 만한 위협(credible threat)이 있을 경우 약속이 지켜질 것이고 파레토최적[76]도 달성될 수 있음.

5) 내쉬균형

① 의미

- 내쉬균형은 수학자이며 1994년 노벨경제학상 수상자인 내쉬(J. F. Nash)에 의해 1950년과 1951년에 제시된 균형의 한 형태임.

- 내쉬균형이란 상대방의 전략이 X일 때 나의 최선의 대응전략은 A이고,

76) 파레토최적(Pareto Optimum)이란 시장효율성 판정기준의 하나로서 다른 사람의 효용을 빼앗지 않고는 나의 효용을 증가시킬 수 없는 상태를 말하는데, 시장에 의한 자원배분이 효율적으로 이루어지지 못했을 때 파레토최적이 달성되지 못하며, 우리는 이를 시장의 실패가 일어났다고 말함.

나의 전략이 A일 때 상대방의 최선의 대응전략이 X라면 두 사람의 전략쌍인 (A, X)를 내쉬균형이라고 함.[77)]

- 우월전략균형은 내쉬균형이지만 내쉬균형이 우월전략균형인 것은 아님.
- 즉 우월전략균형은 내쉬균형에 포함되는 균형개념임.

② 사례

- 〈표 9-2〉에서 보수행렬 내 숫자는 각 기업의 이윤이라고 할 때 기업 A의 우월전략은 가격인하이지만, 기업 B는 우월전략이 없음을 알 수 있음.[78)]
  - 이때 (120, 30)은 우월전략균형은 아니지만 내쉬균형임.
- 게임 상황에서 내쉬균형은 없을 수도 있고, 한 가지 이상 존재할 수도 있음.

〈표 9-2〉 과점기업의 균형 : 예1

Payoff matrix		기업 B	
		가격유지	가격인하
기업 A	가격유지	(100, 40)	(50, 60)
	가격인하	(120, 30)	(70, 20)

77) 영화 '뷰티풀 마인드'의 실제 주인공으로 유명한 게임이론의 대가 존 내쉬. 학창시절 술집에서 금발 미녀를 둘러싸고 벌이는 친구들 간 경쟁을 지켜보던 그는 섬광 같은 직관으로 '균형이론'의 단서를 발견함. 남자들이 동시에 예쁜 금발의 여자 1명에게 데이트를 신청하면 단 1명만 선택될 뿐임. 금발의 여자에게 거절당한 남자들이 '차선'의 다른 여자들에게 우르르 몰려가면 어떻게 될까. 결과는 '안 봐도 비디오'임. 금발의 미녀에게 퇴짜 맞는 것을 지켜보았기 때문에 자존심이 상해 고개를 가로저을 것임. 내쉬는 차라리 모든 남자들이 금발의 여인을 포기하고, 처음부터 보통 여자들과 짝을 맞추는 것이 낫다고 생각. 존 내쉬는 상대방이 어떤 결정을 내릴지 알고 최적전략을 선택할 때 균형에 이를 수 있음을 보여주는 균형이론을 발전시켜 1994년 노벨경제학상을 수상했음. 이와 관련하여 매경이코노미(2008.4.16) 참조.

78) 기업 B는 기업 A가 가격유지 시 가격인하가 좋고, 기업 A가 가격인하 시 가격유지가 좋기 때문에 우월전략이 없음.

• 〈표 9-3〉에서는 기업 A와 B 모두 우월전략은 존재하지 않지만 내쉬 균형은 보수행렬에서 (100, 100)와 (50, 50)의 두 개나 존재함.

- 두 기업은 서로 협조하여 가격을 인하함으로써 파레토우위인 (100, 100)을 달성하는 것이 최선임.

- 그러나 만일 기업 A가 가격을 인하했을 때 기업 B가 가격을 유지하면 (30, 80)으로 A는 B에 비해 큰 손해를 봄.
  • 반대의 경우라면 기업 B가 큰 손해를 봄.

- 결국 두 기업은 서로의 약속을 완전히 믿을 수 없는 한 현재와 같은 가격유지에 머물러 있을 가능성이 높은데, 이것을 거시경제학에서는 조정실패(co-ordination failure)[79]라고 부름.
  • 즉 서로 믿고 협조하면 파레토우위를 얻을 수 있으나 조정실패가 일어나면 파레토열위를 얻게 되는 것임.

〈표 9-3〉 과점기업의 균형 : 예2

Payoff matrix		기업 B	
		가격인하	가격유지
기업 A	가격인하	(100, 100)	(30, 80)
	가격유지	(80, 30)	(50, 50)

6) 협조적 과점의 가능성

- 경기자들이 경제적 합리성에 입각해 자신의 전략을 선택할 경우 파레토우위를 달성하지 못할 수도 있음은 용의자의 딜레마에서 살펴본 바 있음.

- 협조적 과점이 비협조적 과점보다 참여자에게 보다 많은 보수를 줌으로써 어떻게 협조적 과점을 형성할 수 있는가 하는 것이 관건이 되는데, 협

79) 서로 믿지 못해 협조하지 않음으로써 파레토열위를 얻게 되는 상황을 말함.

조적 과점의 성공 여부는 약속을 강제할 만한 위협이 있는가와 직결됨.

- 게임이 일회성 게임이 아니고 되풀이되는 반복게임인 경우 약속을 어겼을 때 다음 경기에서 보복을 할 수 있기 때문에 약속이 지켜질 가능성이 그만큼 높음.

(6) 독점적 경쟁시장의 이론

1) 특 성

- 다수의 공급자가 존재
  - 완전경쟁시장과 유사
- 진입장벽이 없음.
  - 장기에서 각 기업의 이윤은 0
  - 완전경쟁시장과 유사
- 상품차별화 현상이 나타남.
  - 자신의 상품에 대해 어느 정도의 독점력을 보유
  - 개별기업은 우하향하는 수요곡선에 직면
  - 독점시장과 유사

2) 독점적 경쟁시장의 균형(독점적 경쟁기업의 이윤극대화 조건)

- 약간의 시장지배력은 가지고 있음.
  - 가까운 대체재가 많기 때문에 제한된 범위 내에서 가격결정권 행사
- 독점적 경쟁기업은 매우 완만하게 우하향하는 수요곡선에 직면
  $\Rightarrow P > MR$
- 이윤극대화 조건
  - $MR = MC$
- 장기로 가면 진입과 이탈의 자유로 인해 이윤은 0이 됨.

3) 자원배분의 특징

- 자원배분의 비효율성 존재 : $P > MC$
  - 보다 적은 생산량을 한계비용보다 높은 가격으로 판매
  - 그러나 독점적 경쟁기업의 경우 그 차이가 크지 않기 때문에 자원배분의 비효율성 문제는 크지 않음.

- 광고나 상품차별화를 통한 비가격경쟁이 일어날 가능성이 매우 큼.

- 상품차별화가 소비자 후생에 미치는 영향
  - 긍정적 측면 : 차별화를 통해 소비자의 다양한 기호에 부합하는 갖가지 상품이 생산될 수 있음.
  - 부정적 측면 : 자원을 낭비하는 결과 초래(광고나 상품차별화를 위한 비용 지출이 아무런 수요 증가의 효과 없이 생산비만 증가시킬 경우)

[그림 9-5] 독점적 경쟁기업의 생산량과 가격결정[80)]

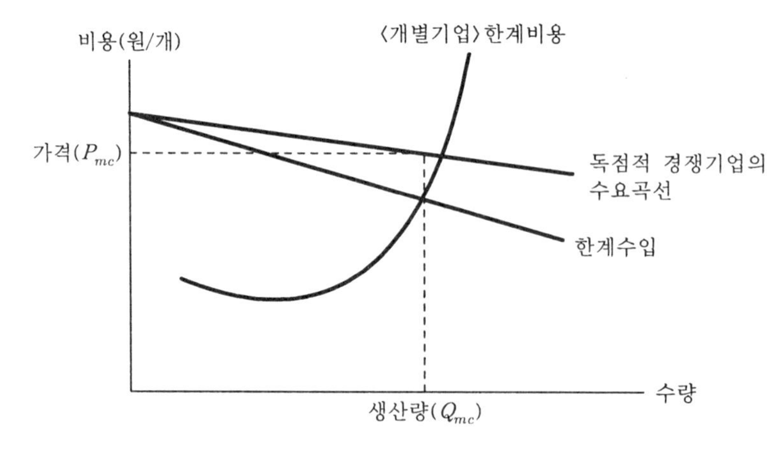

80) 독점적 경쟁기업은 완만하지만 우하향하는 수요곡선을 마주하게 되고, 생산량과 가격결정도 독점기업과 마찬가지로 2단계 방식에 의해서 결정됨. 그러나 독점기업과는 달리 시장지배력이 제한적이기 때문에 자원배분의 비효율성 문제도 독점에 비해서는 미미함.

- 초과생산능력의 존재(수요곡선이 우하향하기 때문에 발생)
  - 기존 설비가 과소 이용되고 있다는 것임.
  - 평균비용의 최저점에서 생산이 이루어지지 않고 최저평균비용보다 높은 비용수준에서 생산이 이루어짐.
  - 더 생산하면 평균비용을 낮출 수 있는데도 더 생산하지 않는다는 의미(왜냐하면 손실이 발생하기 때문)

참 | 고 | 자 | 료

(1) 이준구 · 이창용(2007), 《경제학 들어가기》, 법문사.

(2) 안홍식(2006), 《경제학원론》, 삼영사.

(3) 김승욱 외(2008), 《알짬 시장경제》, 박영사.

(4) 윤영걸(2008), "게임이론으로 본 증시", 《매경 Economy》 제1451호, 2008. 4. 16.

(5) 2007. 6. 15., 《조선경제》

(6) 2009. 4. 10., 《매일경제》

제 10 장

시장실패와 정부의 역할

시장경제는 우수한 제도이지만 완벽한 것은 아니기 때문에 정부가 역할을 담당해야 하지만, 정부도 완벽한 것은 아니기 때문에 시장기능과 정부기능의 장점을 조화시켜 활용하는 지혜가 필요함.

(1) 효율성의 의미

- 경제학에서 효율적이라는 말을 쓸 때는 파레토 효율성을 의미하는 것이 보통임.
- 파레토 효율성(Pareto efficiency)이란 어떤 구성원의 후생 증대는 타인의 희생을 강요하지 아니하고서는 이룰 수 없는 상태를 의미함.
  - 어떤 자원배분상태로부터 '누이 좋고 매부 좋은' 새로운 배분상태를 찾아낼 수 있다면 원래의 배분상태는 파레토 효율적이 아님.
  - 이득을 보는 사람이 있으면 반드시 손해를 보는 사람도 있는 변화만이 가능할 때, 그 배분상태를 파레토 효율적이라고 말할 수 있음.
  - 구성원 모두 이득을 보는 새로운 배분상태를 찾아낼 수 있다면, 원래의 배분상태는 파레토 효율적이 아님.

(2) 시장의 실패(market failure)

- 일정한 조건이 충족될 때 완전경쟁시장에서 효율적인 자원배분이 이루어질 수 있음이 입증되어 있는바, 이는 곧 완전경쟁시장에서는 효율적 자원배분을 위한 조건들이 자동적으로 충족되는 것을 보일 수 있다는 의미임.

- 자원배분의 기능을 시장에 내맡기면 저절로 효율적인 배분이 달성된다는 것으로 아담 스미스(Adam Smith)가 시장의 힘을 '보이지 않는 손'(invisible hand)에 비유한 것은 바로 이 사실에 근거를 둔 것임.
- 한마디로 시장에 참여한 사람(경제주체)들이 제각각 먹고 살기 위해 열심히 일한 결과 다른 사람들도 혜택을 본다는 것임. ⇒ 파레토 효율성이 달성됨과 동시에 사회적 이득도 극대화됨.

- 그런데 어떤 사람의 이익추구 행위가 공익을 해치거나, 다른 사람에게 피해를 준다면 시장의 실패가 발생하게 됨.

- 이처럼 시장이 제 기능을 다하지 못하는 경우가 종종 발생하는데, 시장이 자원을 효율적으로 배분하지 못하는 경우를 시장의 실패[81]라고 함.
  - 이것의 주요 원인으로는 불완전경쟁, 공공재, 외부성 등을 들 수 있음.

(3) 시장실패의 주요 원인

1) 불완전경쟁

- 시장의 힘이 효율적인 자원배분을 가져다준다는 것은 완전경쟁을 전제로 할 때만 타당성을 가짐.

- 따라서 이 전제조건이 충족되지 못할 때 시장이 실패하게 되는 것은 너무나도 당연
  - 독점이나 과점시장과 같은 불완전경쟁 시장으로 인해 시장의 실패가 일어날 가능성이 높은 상황에서는 모든 일을 안심하고 시장에 내맡기기 어려운 것이 사실

81) 시장실패의 예는 다음과 같음. 시장에 맡기면(그냥 놓아두면) 너무 많이 발생 : 다른 사람에게 피해를 주고 그에 대해 보상을 하거나 처벌을 받지 않는 경우(외부불경제, 공유자원 등), 시험부정행위, 새치기, 끼어들기, 음주운전, 공해, 환경파괴, 길거리불법주차, 난립한 간판, 천연자원의 남획. 시장에 맡기면(그냥 놓아두면) 너무 적게 발생 : 남에게 이득을 주지만 보상을 받지 못하는 경우(공공재, 외부경제 등), 자원봉사, 집 앞 눈치우기, 예방주사 맞기, 등대, 교통정리, 길안내, 도로 깔기, 다리 놓기, 치안, 국방, 과학기술의 연구개발

2) 공공재

- 공공재(public goods)란 국방서비스, 공원 혹은 도로처럼 여러 사람이 공동으로 소비하기 위해 생산된 재화와 서비스를 말함.

- 특성
  - 첫째, 소비에서의 비경합성(non-rivalry)으로서 한 사람이 그것을 소비한다 해서 다른 사람이 소비할 수 있는 기회가 줄어들지 않는다는 것임. ⇒ 한마디로 공동소비가 가능하다는 의미[82)]
  - 둘째, 소비에서의 비배제성(non-excludability)으로서 대가를 치르지 않는 사람이라도 소비에서 배제할 수 없다는 것임.

- 공공재가 갖는 이러한 특성 때문에 이에 대해 양(+)의 가격을 매기는 것이 가능하지도 않고 바람직하지도 않게 됨. ⇒ 정부가 직접 생산, 공급
  - 비배제성 때문에 무임승차자(free-rider)가 존재하여 양의 가격을 매겨도 받을 수 없음.
  - 비경합성, 즉 소비자 수가 늘어나도 아무런 추가적 비용이 발생하지 않기 때문에 한계비용이 0이 되어 양의 가격 책정이 비효율적이 될 수 있음.

- 공공재의 또 다른 문제로 정부가 얼마만큼을 생산하는 것이 적절한지 쉽지 않음.
  - 소비자들의 진정한 선호체계를 알아내는 것이 어렵기 때문
  - 정부가 사람들의 선호를 정확하게 파악하지 못한다면 정부가 선택한 공공재의 생산수준은 비효율적이 될 수밖에 없음.
  - 공공재에 대한 진정한 선호를 표출하게끔 유도하는 것이 중요한 과제로 등장

---

82) 사적 재화(private goods)는 한 사람의 소비가 타인의 소비 가능성을 줄여 줌. → 경합적

3) 외부성

- 어떤 사람의 행동이 제3자에게 의도하지 않은 혜택이나 손해를 가져다주면서 이에 대해 대가를 받지도 지불하지도 않을 때 외부성(externalities)이 생긴다고 말함.[83]
  - 대가를 주고받지 않으므로 시장의 테두리 밖에서 일어난다고 보아 외부성이라는 이름을 붙였음.
  - 외부성은 생산과정에서 일어날 수도 있고 소비과정에서 일어날 수도 있으며, 해로운 것뿐 아니라 이로운 것도 있을 수 있음.

- 외부성의 대표적 사례 : 환경오염
  - 오염물질을 배출하는 측의 관점에서 보면 그와 같은 행위에 아무런 비용이 따르지 않는 것처럼 보이게 됨.
  - 그렇기 때문에 공기나 물을 오염시키는 물질을 마구 내버리는 현상이 일어나는 것임.
  - 만약 그들이 오염물질을 방출하는 행위에 대해 어떤 대가를 치러야 한다면 훨씬 더 조심해서 내버리게 될 것이 분명함.

- 결국 사회적 비용(사회적 한계비용)과 사적 비용(사적 한계비용)이 다르기 때문에($PMC < SMC$) 비효율적인 자원배분이 발생하게 되는 것임.[84]

- 외부성의 내부화방안
  - 조세 – 보조금
  - 폐수가격이 존재한다면 가능
  - 코즈 정리(Coase theorem)

---

83) 이득을 주는 경우를 외부경제(external economy)라고 하고, 손해를 입히는 경우를 외부비경제(external diseconomy)라고 함.

84) 이는 구체적으로 외부비경제(혹은 외부불경제)에 해당됨. 한편 외부경제의 경우에는 사적 한계수입과 사회적 한계수입이 다르기 때문에($PMR < SMR$) 자원배분의 효율성이 충족 안 됨.

[그림 10-1] 외부비경제의 경우 : 생산량 결정원리[85)]

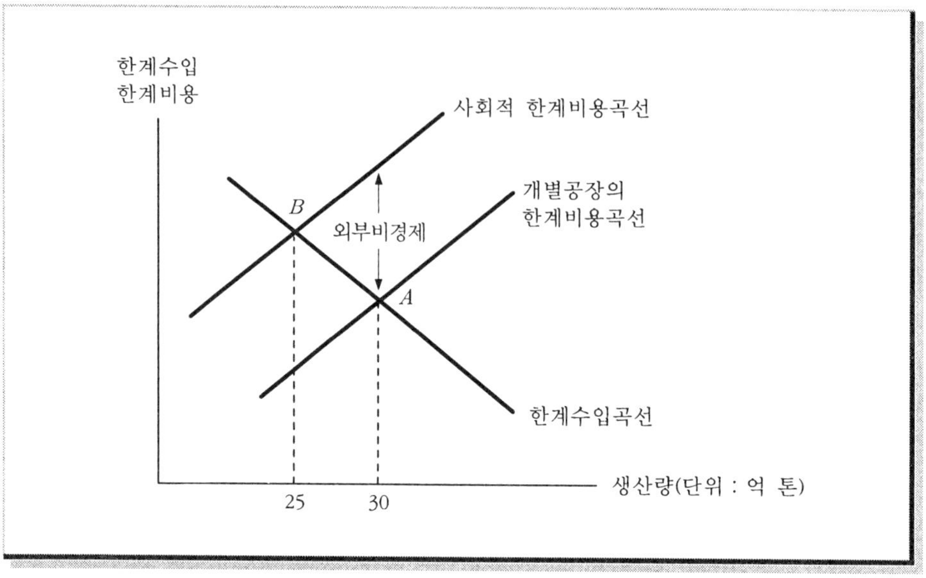

(4) 정부의 역할

- 시장경제의 장점을 극대화하기 위한 제도적 장치 유지[86)] ⇒ 법치주의 확립
  - 재산권(사유재산)의 보호
  - 경제활동(계약)의 자유 보장
  - 공정하고 자유로운 경쟁 확립
- 시장의 불완전성(시장의 실패)을 보완
  - 시장의 실패가 나타날 때 정부가 개입해야 할 필요성이 생길 수 있음.

85) 개별공장의 매연 배출로 인한 사회적 비용은 이 공장에게 비용으로 간주되지 않기 때문에 지나치게 많이 생산됨. 외부경제의 경우 생산량 결정원리는 각자 생각해 보기 바람.

86) 비유 : 놀이터를 잘 만들어 주면 놀이터에서 재미있게 노는 방법은 어린이들이 더 잘 암.

• 사례 : 외부효과 규제와 공공재의 공급, 그밖에 반드시 시장의 실패 때문은 아니지만 경기변동의 조절과 물가안정, 경제성장의 촉진(빈곤 해소), 취약계층의 보호 등
• 시장의 실패로 인해 생긴 비효율성을 시정한다는 명목으로 정부가 개입했을 때 언제나 더 좋은 결과를 얻을 수 있다는 보장이 없음.
• 따라서 정부의 개입은 이로 인해 더욱 효율적인 결과를 얻을 수 있을 경우에 한해 그 정당성을 인정받을 수 있음.

- 정부의 개입 그 자체가 비효율성을 가져오는 원인이 될 수 있을 뿐 아니라 개입의 효과가 엉뚱한 방향으로 나타날 수 있을 때 정부의 실패(government failure)가 발생했다고 말함.

(5) 정부 개입의 구체적 유형

1) 직접적 행동

- 특정한 재화나 서비스를 생산해 국민에게 공급
  • 국방서비스, 경찰서비스, 도로, 공원 등 공공재의 성격을 갖기 때문에 직접 생산, 공급하는 경우
  • 민간부문의 시장은 공공재의 성격을 갖는 재화나 서비스를 효율적으로 배분하지 못하기 때문에 정부가 직접 행동해야 할 필요성을 느낀다고 볼 수 있음.

- 그렇다고 해서 정부가 생산, 공급하는 모든 것들이 공공재의 성격을 갖는 것은 아님.
  • 정부가 공급하는 사용재 중에는 가치재(merit goods)[87]의 성격을 갖고 있는 것들이 많음.
  • 예를 들어 무주택자들에게 주택서비스를 제공한다든가 결식아동들에게 무료급식을 제공하는 것들이 모두 가치재라는 이유에서 정부가 개

87) 정부가 생각하기에 모든 사람이 그것을 충분하게 소비하는 것이 바람직하다 하여 소비를 권장하는 재화나 서비스를 말함.

입하게 되는 사례라고 할 수 있음.

2) 유인의 제공

- 민간부문에 단지 유인(incentive)만을 제공해 원하는 방향으로 이끌어 가는 개입방식
  - 투자 촉진을 위해 조세나 금융상의 혜택을 제공하는 것
  - 에너지 절약이나 환경보호를 위해 휘발유나 경유에 특별소비세를 부과하는 것

3) 민간부문의 행동을 규제

- 정부가 개인이나 기업의 행동에 일정한 제약을 가하는 방식으로 규제(regulation)를 실시하기도 함.
  - 규제의 목적으로는 소득재분배, 소비자보호, 환경보호, 국민의 건강보호, 공정거래질서 유지 등 다양한 것이 있음.
  - 그런데 정부의 규제는 기본적으로 경직성 이외에 자의성을 띠는 경우도 많아 적지 않은 비용을 수반할 가능성이 있음.

- 또한 정치적 여건에 따라 규제의 실제 효과가 원래 의도와 다르게 나올 수 있는 여지도 있음.
  - 정부가 과열경쟁을 막는다는 이유로 신규기업의 진입을 억제하는 규제를 실시하는 것을 종종 보게 됨.
  - 정부의 진정한 의도가 어디에 있든 간에 이와 같은 규제는 기존 기업의 이익에 봉사하게 되는 결과를 빚기 쉬움.

- 나아가 정부규제의 남발은 지대추구행위(rent seeking activities)[88]를 성행하게 만드는 점에서 문제가 있음.
  - 지대를 얻기 위해서는 관료들의 협조가 필요하기 때문에 지대추구행

88) 지대란 한 사회 안에서 주인 없이 떠도는 이권을 뜻하며, 이것을 서로 먼저 차지하기 위해 노력하는 것을 지대추구행위라고 부름.

위는 필연적으로 관료의 부패를 가져오게 됨.

• 규제가 많을수록 지대추구행위가 성행하게 되고, 이에 따라 관료들의 부패문제도 더욱 심각해짐.

(6) 정부실패의 원인

1) 제한된 정보와 지식

- 정부가 갖고 있는 정보와 지식의 제약 때문에 어떤 정책을 실행에 옮기려 할 때 그것의 귀결을 완벽하게 예견할 수 없는 경우가 있음.
  • 이런 상황에서 정부의 정책이 원래 의도한 성과를 거두기는 무척 힘들 것이 분명

2) 민간부문 반응의 통제 불가능성

- 정부는 민간부문이 특정한 반응을 보일 것이라는 기대 아래 정책을 수행하게 되지만 정책이 실천에 옮겨진 다음에 나타나는 민간부문의 반응은 기대한 바와 판이하게 다를 수 있음.

3) 정치적 과정에서의 제약

- 상반된 이해관계를 갖고 있는 집단들이 정치적으로 타협을 모색하는 과정에서 정책이 엉뚱한 방향으로 변질될 가능성이 있음.
  • 환경을 보호하자는 취지의 정책이 자원을 개발하는 데 더 관심이 많은 집단의 영향 때문에 오히려 환경을 파괴하는 정책으로 변질되는 것이 그 좋은 예임.

4) 관료조직의 문제

- 관료들도 사람인지라 공익보다 자신의 이익을 먼저 챙기려고 노력할 가능성이 있음.

- 관료들이 이와 같은 태도를 보일 때 정부의 정책이 기대한 성과를 거둘 수 없음은 두말할 나위도 없음.

(7) 정부실패의 치유책

1) 제도개혁

- 제도상의 결함이 비효율성을 낳는 원인이 되는 사례[89]가 상당히 많은데, 이 경우라면 제도의 개혁을 통해 획기적인 개선을 기대해 볼 수 있음.

2) 적절한 유인의 제공

- 정부부문의 경우 성과를 평가할 수 있는 명백한 기준이 존재하지 않아 효율적인 운영을 어렵게 만드는 경우가 많음.
  - 관료사회에서는 승진이나 보수 등의 처우가 매우 경직적으로 운영되고 있는데, 이것이 비효율성의 원인이 되는 경우가 많음.
- 관료들이 자발적으로 열심히 일하게끔 유도하기 위해서는 열성적인 노력에 대해서는 후한 상을 주고 태만한 자세에 대해서는 가차 없이 벌하는 유인구조를 도입해야 함.

3) 경쟁의 도입

- 정부부문의 비효율성은 경쟁이 존재하지 않는다는 사실에 그 상당한 이유가 있음.
  - 경쟁에서 오는 압력을 느끼지 않기 때문에 방만한 운영을 하게 될 가능성이 높음.
- 따라서 다른 부처와의, 또는 민간부문과의 경쟁체제를 도입함으로써 효율적인 운영을 하도록 유도하는 것이 필요

89) 관료조직의 비대화, 역할분담의 불명확성, 상호견제 기능의 미비 등을 들 수 있음.

(8) 환경의 문제

1) 공유지의 비극

- 모두가 함께 사용할 수 있는 공유지는 아무도 아껴 쓰려고 노력하지 않으므로 머지않아 황폐해지고 마는 현상을 가리키는 말
  - 개인이 소유하는 땅에는 풀들이 무성한데 공유지는 죽어가는 풀들 사이로 누런 흙이 보기 싫게 드러나 있기 십상임.

- 한강은 모든 국민의 소유라는 막연한 개념만 있을 뿐 어느 누구도 소유권을 갖고 있지 않기 때문에 그렇게 마구잡이로 오염물질을 버리는데도 누구 하나 말리려 들지 않는 것임.
  - 설악산이나 지리산의 나무를 마구 베고 들짐승을 무자비하게 죽여 메마른 바위산들로 만들어 버리는 것도 공유지의 비극이 빚어낸 현상 중 하나라고 말할 수 있음.

2) 경제발전과 환경문제

- 환경의 문제는 산업화가 본격적으로 진행되면서 나타나기 시작한 문제라고 생각하는 사람이 많지만 역사의 기록을 보면 이 문제는 근대의 산업사회가 등장하기 훨씬 이전부터 존재해 왔던 것으로 되어 있음.
  - 이를 보면 인류가 문명사회를 이루어 주변의 환경을 이용할 줄 알게 되면서 바로 환경파괴의 문제가 등장했던 것을 알 수 있음.

- 그러나 근대의 산업화와 더불어 이 문제가 더욱 심각해진 것이 사실
  - 이와 같은 우려는 환경을 구하기 위해 더 이상의 성장을 자제하자는 움직임을 낳게 되었음.

- 그렇지만 '0의 성장'이란 이념은 곧 제3세계의 강력한 반발에 직면하게 되었음.
  - 더 이상의 성장을 자제하면 이미 산업화를 이룬 선진국에만 유리한

결과를 가져온다는 반론이 상당한 설득력을 갖는 것은 사실임.

- 세계를 돌아보면 산업화가 덜된 가난한 나라일수록 환경파괴가 더욱 극심하게 일어나고 있는 것을 봄.
- 이처럼 경제성장과 환경 사이의 관계를 일률적으로 말하기 힘든 복잡성이 있음.

- 환경오염 피해사례
  - 대표적인 것은 1952년에 일어난 '런던 스모그사건'이었는데, 아황산가스와 매연이 주로 문제가 되어 발생한 사건으로서 발생 2개월 후에 8천여 명에 이르는 사망자가 발생한 것으로 기록
  - 우리나라 대도시의 공기도 각종 유해물질로 심각하게 오염되어 있어 우리로 하여금 우려를 금치 못하게 만들고 있음.

(9) 환경문제의 해결방안

1) 환경문제 해결이 어려운 이유

- 첫째, 환경문제의 배후에는 외부성이 존재하고 있어 시장기구가 자발적으로 이 문제를 해결할 수 없다는 점을 들 수 있음.
  - 시장은 사람들이 오염물질을 대기나 강으로 방출하는 행위에 대해 아무런 통제를 가할 수 없기 때문에 정부가 특별히 간섭하지 않는 한 문제는 점점 더 심각해져 갈 수밖에 없게끔 되어 있음.

- 둘째, 환경문제는 갑자기 심각한 상황으로 바뀌는 속성이 있기 때문에 사람들이 이에 대해 경계를 게을리한다는 데 문제가 있음.

- 마지막으로, 환경문제와 관련해 갖가지 집단의 이해가 상충하고 있기 때문에 합리적인 정책을 수립하기 곤란
  - 예컨대 그린벨트 문제 하나만을 가지고도 이해의 갈등이 심함.

2) 환경문제의 해결방안

① 정부의 개입을 통한 해결

- 하나는 직접통제로서 오염물질 방출량에 대한 직접적 규제, 특정한 정화장치 사용의 의무화, 오염물질의 방출이 적은 생산기술의 채택을 요구하는 등의 방식으로 수행되는데, 이 방식은 그 본질상 경직성을 띨 수밖에 없어 정해진 목표를 달성하는 데 많은 비용이 소요된다는 문제점을 갖고 있음.

- 또 다른 방식은 시장유인을 이용한 방법인데, 환경세를 부과하는 제도와 시장에서 거래가 가능한 오염면허제도가 그 주축을 이룸.[90] → 환경세 부과와 오염면허제도의 실시는 오염물질을 방출할 때 일정한 대가를 치르게 함으로써 유인구조를 바로잡는 효과를 낼 수 있음.

- 현재 우리나라에서 채택하고 있는 환경보호정책의 기조는 직접통제방식인데, 시장유인을 활용하는 정책을 과감하게 시도해 보는 것이 바람직

② 코즈 정리(Coase theorem)

- 코즈(R. Coase)는 외부성과 관련된 문제에서 정부의 간섭은 오히려 바람직하지 않은 결과를 가져올 수 있다고 지적했는바, 정부가 직접 개입하지 않고 이해당사자의 자유로운 협상에 의해 효율적인 결과를 찾도록 돕는 데 그쳐야 한다는 것이 그의 주장
  - 다시 말해 이해당사자의 자발적 협상에 의해 환경문제를 포함한 외부성의 문제를 풀 수 있다는 주장을 담고 있는 이론을 말함.

- 그러나 실제로는 협상과정에서 엄청난 크기의 거래비용이 발생할 수 있는데, 만약 이것이 사실이라면 자발적 협상은 결코 좋은 해결책이 못됨. ⇒ 실제로 활용될 가능성은 거의 없음.

---

90) 오염면허제도하에서 오염면허의 소유자는 일정한 양의 오염물질을 방출할 권리를 가짐. 반면에 오염면허를 소유하지 못한 경제주체는 오염물질을 전혀 방출할 수 없음.

(10) 정부의 경제적 역할과 능력의 한계

- 공익은 반드시 공조직이 담당해야 하는 것이 아님.
  - 2004년 3월 '100년 만의 폭설' 속에서 고속도로에 호빵장수들이 도로공사 직원들보다 먼저 나타난 이유
  - 폭설 당시 경부고속도로는 마비가 되었지만, 천안 – 논산 민자 고속도로는 안 막혔던 이유
  - 예 : 교육, 에너지, 병원, 방범, 대중교통, 교도소

- 정치인, 관료조직 모두 사적 유인과 동기에 따라 움직임.

(11) 시장기능을 활용한 공익목적 달성 사례

1) 안전관리

- MBC 카메라 출동의 고발, 대구시의 대형옥상 광고물 규제 사례, 손해보험회사의 자발적 안전시설 점검, 가격안정과 소비자보호, 대형 유통업계의 세일경쟁, 주유소의 서비스 경쟁, 이동통신회사들의 요금 경쟁, 가전회사 A/S 센터는 왜 친절한가?

2) 환경보호

- 쓰레기종량제, 신고자포상금제 : 교통질서, 선거질서 등등

(12) 정부가 해야 할 일과 하지 말아야 할 일

1) 정부가 해야 할 일 : 공정한 심판

- 시장경제의 원활한 작동을 위한 제도 유지(재산권보호, 경제활동의 자유보장, 경쟁촉진)

- 남에게 피해를 주는 행위에 대한 규제

- 공공서비스와 기반시설의 제공

- 거시경제의 안정(재정정책, 통화정책)

- 취약계층에 대한 보호

- 기회균등의 보장

2) 정부가 하지 말아야 할 일

- 자원배분에 개입
  - '무엇을, 얼마나, 어떻게 만들어 누구에게 줄 것인가'를 결정 ⇒ 권력 ⇒ 남용과 부패의 원인

- 이익집단의 압력에 영합, 굴복

- 경쟁의 제한 : 이권과 특혜의 창출

- 재산권에 대한 침해

- 결과의 평등 추구

3) 생각해 볼 점

- 빈부격차 해소

- 산업육성 지원 정책

(13) 요약 및 결론

1) 시장기능과 정부기능의 상관성

- 시장기능과 정부기능은 대체관계가 아님.

• 시장기능이 제 기능을 잘하도록 도와주는(보완) 것이 정부기능
• 시장기능을 활용해서 얼마든지 정책목표를 달성할 수 있음.

- 작고 효율적인 정부란
  • 보다 적은 인력과 적은 세금으로 공익 목적을 더 잘 달성하는 정부
  • 정부가 경제에서 차지하는 비중이 클수록 국가생산성이 저하된다는 것은 통계적으로 입증된 사실

2) 정부의 역할에 대한 시각

- 최근의 글로벌 금융위기는 우리에게 정부의 역할에 대한 또 다른 시각을 제시해 주었음.

- 가격안정, 사회통합, 소득분배, 빈곤퇴치, 환경보호, 소비자보호, 생활안전과 같은 중요한 공익목표를 보다 효과적으로 달성하기 위해서는 시장기능과 정부기능의 장단점을 정확하게 이해하고, 양자의 장점을 보완적으로 활용하는 지혜와 균형 잡힌 시각이 중요
  • 공익은 공무원들만이 보호할 수 있다는 정부만능주의, 정부능력에 대한 막연한 신뢰를 버려야 함.

참 | 고 | 자 | 료

(1) 김종석(2008), "시장경제와 정부의 역할", 2008년 서강대 경제학부의 강의내용, 2008. 9. 10.
(2) 이준구 외(2007), 《경제학 들어가기》, 법문사.
(3) 김승욱 외(2008), 《알짬 시장경제》, 박영사.

제 11 장

또 다른 미시경제 영역

(1) 정보의 비대칭성

- 필요한 정보를 얼마나 가지고 있는가의 차이를 정보의 비대칭성(Information Asymmetry)이라고 함.[91]

- 사례
  - 근로자는 고용주보다 자기가 일을 얼마나 열심히 하는지 더 잘 알고 있으며, 중고차 판매상은 고객보다 차의 성능에 대해 더 잘 알고 있음.[92]
  - 어느 경우든 열등한 지위에 있는 쪽(고용주와 중고차 구매자)은 필요한 정보를 더 얻고자 할 것이지만, 우월한 정보를 가진 쪽(근로자와 차량 중고차 판매상)은 필요한 정보를 감출 유인을 가지고 있음.

1) 감춰진 행동 : 사용자, 대리인, 도덕적 해이

- 도덕적 해이(moral hazard)는 대리인(agent)이 사용자 혹은 본인(principal)을 위해 어떤 임무를 수행할 때 발생하는 문제로서 불완전하게 감시를 받고 있는 사람이 부정직하거나 바람직하지 못한 행위를 하는 경향을 말함.
  - 사용자가 대리인의 행동을 완벽하게 감시할 수 없을 때 대리인은 사용자가 원하는 수준만큼 열심히 일하지 않는 경향이 발생[93]

91) 동 분야와 관련된 학자로 조지 애컬로프(George Akerlof), 마이클 스펜스(Michael Spence), 조지프 스티글리츠(Joseph Stiglitz) 등이 있음.
92) 앞의 예는 감춰진 행동(hidden action)에 관한 경우이고, 뒤의 예는 감춰진 속성(hidden characteristic)에 대한 경우임.
93) 고용계약의 경우라면 고용주는 사용자이고 근로자는 대리인임.

- 사용자는 대리인이 보다 성실하게 행동하도록 다양한 대응방법을 모색
  - 감시 감독의 강화 : 아이 보는 사람을 고용한 부모들이 종종 감시 카메라를 설치하는 경우
  - 높은 임금의 지급 : 시장 균형임금보다 높은 임금을 받는 근로자는 게으름을 피울 가능성이 적음.
  - 보수의 지급 연기 : 기업들은 근로자에게 지급되는 보수의 일부를 나중에 지급하기도 하는데, 한 가지 예로 연말에 지급되는 보너스를 들 수 있음.

- 직장 이외의 사례
  - 건물주가 소방설비의 비용을 부담하지만 그 혜택은 주로 화재보험 회사에게 돌아가기 때문에 화재보험에 가입한 건물소유자들은 소방설비를 적정 규모보다 부족하게 설치하려는 경향을 보임.
  - 이러한 문제를 해소하기 위해 화재보험 회사는 건물주에게 반드시 소방설비를 설치하도록 의무화할 수 있지만, 여전히 보험회사는 건물주들이 얼마나 화재예방에 열심인지에 대한 완벽한 정보를 가질 수 없음.

- 결국 도덕적 해이 문제를 완전히 해결할 수는 없음.[94]

2) 감춰진 속성 : 역선택과 레몬 문제[95]

- 역선택(adverse selection)이란 정보가 없는 쪽에서 볼 때 관찰할 수 없

94) 성과급은 경제학이나 경영학에서 나오는 '본인-대리인(principal-agent) 문제'를 해결하는 방안 중 하나임. 본인-대리인 문제는 본인이 알고 싶어 하는 정보를 대리인만이 알고 있는 경우(정보의 비대칭성)에 생기기도 하고, 보통의 능력만 가진 본인이 전문적 능력을 가진 대리인의 일을 관리·감독할 수 없는 경우(도덕적 해이)에 생기기도 함. 성과급은 특히 도덕적 해이의 문제를 해결하기 위한 방법임. 주주는 전문경영인에 대해, 투자자는 펀드매니저에 대해 성과급을 약속함으로써 각각 회사의 이윤극대화, 펀드의 수익극대화를 위해 열심히 일하도록 인센티브를 줌. 본인-대리인 문제를 해결하기 위해 어떤 상황에서, 어떤 방식의 보수체계가 가장 효과적인가는 경제학과 경영학에서 중요한 주제임. 성과의 등수에 따라 보수를 주는 게 좋은지, 아니면 성과의 절대적인 양에 따라 보수를 주는 것이 좋은지, 혹은 여러 사람이 함께 일하는 경우 개개인의 성과에 따라 보수를 주는 것이 좋은지, 아니면 모든 사람에게 같은 성과급을 주는 것이 좋은지에 대한 연구들을 예로 들 수 있음. 이와 관련하여 조선경제(2008. 10. 10) 참조.

95) 레몬(lemon)은 불량품을 의미

는 속성이 바람직하지 않게 작용하는 경향을 말함.

- 이러한 현상은 시장에서 판매자가 파는 물건의 속성에 대해 구매자보다 많은 정보를 가지고 있을 때 발생하는 문제인데, 그 결과 판매자가 품질이 낮은 물건을 구매자에게 판매할 가능성이 있음.
- 즉 정보가 부족한 구매자의 입장에서는 '불리한(adverse)' 물건을 '선택(selection)'한다는 것임.

- 사례
  - 중고차 시장 : 중고차를 판매하는 사람은 그 차량의 결점에 대해 알고 있지만, 구매자는 잘 모르는 경우가 많음(중고차 구매자 입장에서 불리한 선택 발생 혹은 판매자도 불리한 상황에 처할 수 있음).
  - 노동시장 : 근로자들의 능력은 사람마다 다르고, 근로자들은 자신들을 고용한 기업보다 자신들의 능력에 대해 더 잘 알고 있음. ⇒ 만약 기업이 근로자들의 임금을 낮추면 능력 있는 근로자들은 다른 곳에서도 일자리를 쉽게 구할 수 있기 때문에 그 회사를 떠날 가능성이 더 많아 기업들은 더 유능한 근로자들을 자기 회사에 잡아놓기 위해 시장 균형임금보다 높은 임금을 지불하려 함.
  - 보험시장 : 건강보험에 가입하고자 하는 사람은 자신의 건강상태에 대해 보험회사보다 잘 알고 있음. ⇒ 남에게 알려지지 않은 건강문제가 있는 사람이 그렇지 않은 사람에 비해 건강보험에 가입할 가능성이 높기 때문에 건강보험료는 평균보다 건강이 나쁜 사람들의 의료비용을 반영한 수준이 되는바, 그 결과 건강상태가 정상적인 사람들은 높아진 의료보험 비용 때문에 건강보험에 가입할 유인을 상실함.

- 시장에 역선택 문제가 존재하면 보이지 않는 손이 제 능력을 발휘하지 못함.
  - 중고차 시장에선 구매자들이 의심을 품고 높은 가격을 지불하려 하지 않을 것이기 때문에 좋은 차를 가진 사람들이 자신들의 차를 중고차 시장에 아예 내놓지 않을 것임.
  - 노동시장에선 임금이 노동에 대한 수요와 공급이 일치하는 균형임금보다 높은 수준에서 고정되어 실업을 유발함.

• 보험시장에서 사고를 당할 가능성이 낮은 사람들은 보험 조건이 자신들에게 불리하기 때문에 아예 보험에 가입하지 않으려 할 것임.

3) 신호를 통해 사적 정보 전달하기

- 정보의 비대칭성이 정부 개입의 근거가 되기도 하지만, 시장은 다양한 방법으로 대응하기도 하는데, 그중 한 가지 방법이 신호보내기(signaling)라고 할 수 있음.

- 신호보내기란 정보를 가진 쪽이 자신이 가지고 있는 사적 정보(private information)를 다른 사람들에게 신빙성 있게 전달하기 위해 취하는 행동을 말함.

- 사례
  • 기업이 자신의 제품이 고급품이란 신호를 잠재고객들에게 보내기 위해 광고비를 지출
  • 학생들이 자신들이 유능하다는 신호를 잠재고용주들에게 보내기 위해 대학이나 대학원 학위를 얻고자 함.
  • 두 경우 모두 정보를 가진 쪽(기업과 학생)이 정보가 없는 쪽(고객과 고용주)을 향해 자신들이 제공하는 상품이나 서비스가 높은 품질이라는 신호를 보내는 것임.

4) 골라내기를 통한 정보 획득

- 앞서의 신호보내기와는 반대로 골라내기(screening)란 정보가 부족하거나 없는 쪽이 정보가 있는 상대방의 사적 정보를 얻어내기 위해 취하는 행동 혹은 공개하도록 유도하는 행위를 말함.

- 사례
  • 중고차를 구입하고자 하는 사람은 파는 사람에게 그 차를 정비공에게 보여 점검을 받자고 요구할 수 있는데, 이를 거부하는 판매자는 그

차가 불량품임을 스스로 인정하는 셈이 되며 이 경우 사는 사람은 더 낮은 가격을 요구하거나 다른 차를 찾을 것임.

- 자동차보험을 파는 보험회사는 안전한 운전자에게는 낮은 보험료를, 위험한 운전자에게는 높은 보험료를 부과하고자 할 것이지만 보험회사는 이 두 유형의 운전자를 어떻게 골라내야 할까? ⇒ 이 경우 보험회사는 여러 가지 종류의 보험상품을 제공함으로써 운전자들이 스스로 선택하도록 유도할 수 있는바, 공제금액이 충분히 크다면(예를 들어 일단 사고가 나면 1,000달러를 공제하는 조건, 즉 피해금액 중 최초 1,000달러는 보험가입자가 내고 나머지는 보험사가 부담하는 조건) 보험료가 낮고 공제금액이 높은 보험상품은 안전한 운전자들에게 더 매력적일 것이고, 높은 보험료에 전액 보상을 하는 보험상품은 위험한 운전자들에게 더 매력적일 것임. ⇒ 결국 다른 두 보험상품을 동시에 제공하면 두 종류의 운전자들이 스스로 자신들의 사적 정보를 노출하도록 만들 수 있음.

5) 비대칭 정보와 정부정책

- 비대칭 정보 현상은 우리가 시장의 효율성에 대해 우려해야 하는 또 다른 근거를 제공함.
  - 만약 어떤 사람들이 다른 사람들보다 많은 정보를 가지고 있다면 시장기능이 자원을 반드시 최선의 용도에 배분하는 것은 아님. ⇒ 시장실패 초래
  - 중고차 시장에서 구매자들이 불량 중고차를 살까 봐 꺼리기 때문에 품질 좋은 중고차를 가진 사람들은 자신들의 차를 팔지 못할 수 있으며, 건강에 문제가 없는 사람들은 보험회사가 건강한 사람들을 심각한(남들이 모르는) 건강 문제가 있는 사람들과 합쳐서 보험료를 결정하기 때문에 낮은 가격에 건강보험을 구입하지 못할 수 있음.
- 정보의 비대칭성 문제를 해소하기 위한 정부 조치가 간단하지 않은 이유

• 민간 경제주체들이 신호보내기나 골라내기와 같은 대응을 통해 스스로 문제를 해결하기 때문
• 정부가 민간에 비해 많은 정보를 가지기가 어렵기 때문
• 정부는 그 자체가 불완전한 기구이기 때문

(2) 정치경제학[96]

- 정치경제학(Political Economy)은 경제학의 분석방법을 사용하여 정부기능을 분석하는 경제학의 한 분야임.

1) 투표에 관한 콩도르세의 역설

- 선진사회의 정부정책 결정과정은 민주적 절차를 따르는데, 결정과정은 간단하여 다수결로 결정하면 됨.
- 그러나 대부분의 경우 선택할 정책이 두 개보다는 훨씬 많게 되며, 이 경우 17세기 저명한 프랑스 정치이론가 콩도르세 후작(Marquis de Condorcet)이 지적한 대로 민주적 의사결정과정은 문제에 봉착하게 됨.
- 예를 들어 유권자들이 다음과 같은 선호체계를 가지고 있을 때 두 정책에 대해 각각 다수결 투표를 하면 A가 B를 이기고, B가 C를 이기고, C가 A를 이김.

〈표 11-1〉 콩도르세의 역설

	유권자 타입		
	타입1	타입2	타입3
유권자의 구성비	35	45	20
제 1 선택 제 2 선택 제 3 선택	A B C	B C A	C A B

96) 공공선택이론(Public Choice)이라고도 함.

- 보통 우리는 사람들의 선호체계가 이행성(transitivity)을 가져야 한다고 생각함.
  • 이행성이란 A를 B보다 좋아하고, B를 C보다 좋아하면, A를 C보다 좋아해야 하는 선호관계를 말함.

- 콩드르세의 역설(Condorcet Paradox)이란 다수결 투표방식이 반드시 이행성을 보장하지 못하기 때문에 발생하는데, 이는 다수결 방식을 통해 이행성이 있는 사회적 의사결정에 도달하지 못하는 현상을 말함.
  • 정책방안을 두 개씩 놓고 투표에 부쳤을 때 결과는 대부분 이행성이 성립하지만, 유권자들의 선호분포에 따라선 〈표 11-1〉의 예에서 보듯이 반드시 그런 것은 아님.

- 시사점
  • 좁게는 두 개 이상의 선택이 있을 때 의제를 어떤 순서로 정하는가(즉 정책대안을 어떤 순서에 따라 투표하는가)가 투표 결과에 큰 영향을 미칠 수 있음.
  • 보다 넓게는 다수결 투표에 의한 결정이 반드시 그 사회가 진정으로 원하는 것을 반영하지 못할 수 있다는 것임.

2) 애로의 불가능성 정리

- 콩도르세의 역설을 발견한 이후 정치이론가들은 투표제도에 대해 연구하고 새로운 방안들을 고안하는 데 많은 에너지를 소모

- 그중 하나가 예를 들어 정책대안을 두 개씩 비교해서 투표하는 대신 시장이 유권자에게 각각의 정책대안에 대해 순위를 매기도록 하고, 각각의 유권자는 가장 좋아하지 않는 선택에 1점, 끝에서 두 번째 선택에 2점, 끝에서 세 번째 선택에 3점 등과 같이 모든 선택에 점수를 부여해서 가장 많은 점수를 얻은 정책대안이 선택되도록 하는 방식임.
  • 앞의 〈표 11-1〉과 같은 유권자의 선호체계에 이 방식을 적용한다면 정책 B가 선택될 것임.

• 이런 투표방식을 처음 고안한 18세기 프랑스 수학자이자 정치학자인 보다의 이름을 따서 '보다 계산법(Borda count)'이라고 부름.
• 스포츠 팀의 순위를 매기는 여론조사에 종종 사용됨.

- 경제학자 케네스 애로(Kenneth Arrow)는 1951년에 쓴 《Social Choice and Individual Values》라는 책에서 완벽한 투표제도의 존재에 관한 문제의 해답을 구하고자 했는바, 일정한 조건 아래서 개인들의 선호를 통합하여 하나의 유효한 사회적 선호로 만드는 것이 불가능하다는 것을 수학적으로, 그리고 논란의 여지없이 입증했음. ⇒ 이를 애로의 불가능성 정리(Arrow's Impossibility Theorem)라고 부름.

- 애로의 정리의 증명에 사용된 수학은 여기서 제시하기 어렵지만, 다음 두 가지 예를 통해 왜 그의 정리가 성립하는지 짐작할 수 있음.
  • 앞서 논의된 바와 같이 다수결 방식에 문제가 있음을 보았는바, 콩도르세의 역설을 통해 다수결 방식이 이행성의 원칙에 어긋나는 투표결과를 초래할 수 있음을 보았음.
  • 또 하나의 예로 보다 계산법은 무관한 대안에서 독립의 원칙[97]에 어긋남을 볼 수 있음.[98]

- 시사점
  • 애로의 결론은 심오한 것이지만 우려되는 결론이기도 함.
  • 애로의 정리가 민주적 정부제도를 포기해야 한다는 뜻은 아니지만, 국민의 선호를 결정하기 위해 어떤 투표제도를 도입하더라도 사회적

---

97) 애로는 이상적인 투표제도에 의해 결정된 선택은 다음과 같은 속성을 가져야 한다고 가정했음. 즉 만장일치의 원칙, 이행성의 원칙, 무관한 대안으로부터의 독립의 원칙, 독재자 부재의 원칙임. 이 가운데 하나인 무관한 대안으로부터의 독립의 원칙이란 A와 B 사의 우선순위는 무관한 제3의 대안 C의 존재에 의해 영향을 받아서는 안 된다는 것을 말함.

98) 제시된 〈표〉에 있는 유권자의 취향에 따르면 정책 B가 보다 계산법을 통해 선택되는 것을 보았음. 그러나 만약 정책 C가 갑자기 철회되었다고 하자. 이제 남은 두 정책 대안 A와 B에 보다 계산법을 적용하면 정책 A가 선택되는 것을 알 수 있음. 즉 대안 C를 배제한 결과 A와 B의 순위가 바뀐 것임. 순위가 이렇게 바뀐 이유는 보다 계산법이 A와 B가 얻는 점수에 달려 있고, A와 B가 얻는 점수는 다시 무관한 C라는 대안의 존재 여부에 달려 있기 때문임.

선택을 위한 제도로는 완벽하지 못하다는 사실을 의미

3) 중위투표자는 왕

- 애로의 정리에도 불구하고 다수결 방식에 의한 투표제도는 대부분의 사회에서 지도자를 선출하고 정책을 결정하는 수단임.

- 중위투표자[99]의 정리(median voter theorem)라 불리는 유명한 이론에 따르면 다수결에 의한 결정방식은 중위투표자가 가장 선호하는 방안이 선택되도록 한다는 것임.
  - 중위투표자의 정리(median voter theorem)란 투표자들이 일직선상의 한 점을 선택하여 투표하고 자신의 선호와 가장 가까운 점에게 투표한다면, 다수결 투표방식은 가운데 점을 가장 선호하는 투표자의 선호를 선택한다는 것을 보인 수학적 결론을 말함.
  - 중위투표자가 선호하는 수준이 다른 어느 수준(예를 들어 평균값 혹은 가장 많은 수의 유권자가 선호하는 수준)이라도 일대일 투표에서 이기기 때문에 중위투표자가 사실상 결정권을 행사하는 것과 같음.
  - 어느 경우든 과반수의 유권자가 중위투표자 편에 서는 것임.

- 시사점
  - 두 정당이 선거에서 이기기 위해 경쟁한다면 양당은 그들의 정책을 가능한 한 중위투표자의 선호에 가깝도록 만들어야 함.
  - 소수의견이 결정에 반영되지 못한다는 점 → 다수결 방식은 모든 사람의 의견을 반영하는 절충안에 도달하기보다는 의견분포의 정확히 중간점에 있는 사람의 견해만 반영하는 것임.

4) 정치인들도 사람

- 정치인들도 목표가 있는바, 사회 전체의 복지증진을 위해 노력하고 효율과 형평의 조화를 위해 노력한다고 가정한다면 아주 좋을 것이지만

99) 중위투표자란 유권자 선호 분포에서 정확히 한가운데 있는 유권자를 말함.

현실적인 가정은 아님.

- 자신의 사적 이익은 소비자나 기업경영자 못지않게 정치인들에게도 강력한 유인을 제공함.
- 어떤 정치인들은 선거에서 다시 당선되고 싶은 유인이 강하기 때문에 자신의 지지 기반을 강화하기 위해 국가의 이익을 희생할 수도 있음.
- 어떤 정치인들은 순전히 탐욕을 위해 움직이기도 함.

- 우리가 경제정책에 관해 기억할 점은 그 정책들이 선의로 가득 찬 임금님에 의해 만들어지는 것이 아니라 너무나도 인간적인 욕구를 가진 보통사람들에 의해 만들어진다는 점임.
  - 어떤 때는 그 사람들은 국가이익을 증진시키기 위해 일하지만, 어떤 때는 자신들의 정치적 · 금전적 욕심에 따라 움직이기도 함.
  - 현실의 경제정책이 경제학 교과서에 있는 이상적인 정책과 다르다고 해서 놀랄 필요는 없음.

(3) 행태경제학

- 최근 심리학의 통찰력을 경제현상에 적용한 행태경제학(Behavioral Economics)이라고 불리는 새로운 분야가 나타났음.

1) 행태경제학이 보여주는 '놀라운 비합리'의 사례들[100]

- 사례 1
  - 똘똘한 대학생들을 와인 경매장에 불러 두 가지를 해보라고 실험을 해봤음. ⇒ "첫째, 당신의 주민번호 끝 두 자리를 일단 종이에 적어라. 끝자리가 23이면 23달러 식으로……. 그리고 그 가격에 이 와인을 살 것인지 아닌지 종이에 적어내라. 둘째, 당신이 이 와인에 지불할 용의가 있는 최고가격을 적어 봐라."
  - 두 질문은 전혀 별개의 것이며, 더구나 첫 번째 질문의 주민번호 끝

100) 이와 관련하여 조선일보(2009. 5. 2) Weekly Biz 참조.

두 자리는 이 학생의 개성·능력·감성과는 아무 상관관계가 없는, 그야말로 무작위 숫자일 뿐임.

- 하지만 놀라운 결과가 나왔음. ⇒ 주민번호 끝 두 자리가 '80~99'인 학생들이 지불할 용의가 있다고 써낸 가격의 평균은 56달러인 반면, 끝 두 자리가 '1~20'인 학생들이 써낸 가격의 평균은 16달러에 불과했음.
- 도대체 왜?
- 첫 번째 질문한 주민번호 끝 두 자리가 뇌에 각인되는 바람에, 독립된 두 번째 질문에 답을 할 때도 앵커(anchor) 역할을 했기 때문임. 새끼 거위가 태어난 직후 처음 눈에 들어온 동물을 (그것이 인간이라도) 따라다니듯이 일단 처음 머리에 들어온 숫자가, 피할 수 없는 기준이 될 정도로 사람의 뇌와 심리는 불완전한 것임.
- 그래서 어느 나라에서든, 경험이 풍부하고 똑똑한 판사들마저도 늘 검사의 구형량에 선고 형량이 휘둘리게 마련임.

- 사례 2

- "린다는 31세의 싱글 여성으로, 매우 총명하고 솔직하며 철학을 전공했다. 그녀는 학생시절 인종차별과 사회정의에 깊은 관심을 가졌으며, 핵 반대 시위에 참여했다." ⇒ 그런 그녀가 지금 뭘 할지 사람들에게 물어보라.
- 여러 보기 중 '은행원'과 '여성 인권에 적극 참여하는 은행원'이 있을 때, 사람들은 후자를 훨씬 더 많이 고르게 됨.
- 명백한 논리적 오류임. ⇒ 당연히 후자보다는 전자(그냥 '은행원')가 더 넓은 개념이므로, 확률도 높을 수밖에 없음.
- 이는 뭔가 그럴 듯해 보이는 게 있으면 '묻지도 따지지도 않고' 거의 자동적으로 끌리고 마는 인간의 비합리적 기제 때문임.

- 사례 3

- 이런 질문을 사람들에게 해봤음. ⇒ "정책 J를 고르면 '실업률 10%, 물가상승률 12%', 정책 K를 고르면 '실업률 5%, 물가상승률 17%'가 된다. 어느 정책이 좋은가?"

- 응답률을 조사해 보니 J가 36%, K가 64%로 나왔음.
- 그런데 질문을 살짝 바꿔봤음. ⇒ "정책 J를 고르면 '고용률 90%, 물가상승률 12%', 정책 K를 고르면 '고용률 95%, 물가상승률 17%'가 된다. 어느 정책이 좋은가?"
- 이번엔 응답률이 J가 54%, K가 46%가 나왔음.
- 두 질문은 표현만 다를 뿐 완전히 똑같은 내용이지만, 응답률 순위는 반대로 바뀌었음.
- '질문1'에서는 실업률이 10% → 5%로 격감하는 것처럼 보이니, 정책 K가 매력적으로 보였으며 '질문2'에서는 고용률이 95% → 90%로 큰 변화가 없어 보이니, 물가가 덜 오르는 정책 J가 상대적으로 돋보인 것임.
- 사람은 이렇게 프레임에 따라 휘둘림.

2) 사람들이 항상 합리적인 것은 아님

- 경제학 이론에 등장하는 인간은 항상 합리적이지만, 현실의 인간은 훨씬 더 복잡한 존재들임.
  - 그들은 건망증도 있고, 충동적이고, 헷갈리기도 하고, 감정적이며 근시안적임.
  - 사람들의 불완전한 행동은 심리학의 중요한 연구 재료였지만, 경제학은 최근까지 이것을 무시해 왔음.

- 허버트 사이먼(Herbert Simon)은 경제학과 심리학의 경계선에서 인간의 행동을 연구한 최초의 사회과학자 중 하나라고 할 수 있는데, 그에 따르면 인간은 합리적인 극대화 추구자(maximizer)가 아니라 만족 추구자(satisficer)로 보아야 한다는 것임.
  - 항상 최선의 선택을 추구하는 것이 아니라 단지 충분히 좋은 선택을 한다는 것임.[101]

- 사람들이 완벽하게 합리적이지 못하다는 사실이 경제현상을 설명하는

101) 이와 비슷한 논리로 인간의 행동은 '거의 합리적(near rational)'이거나 '제한된 합리성(bounded rationality)'을 나타낸다고 보는 경제학자들도 있음.

데 중요한지 여부가 뜨거운 논쟁의 대상이 되고 있음.

• 사실상 사람들의 행태를 보면 상당한 수준의 관성이 있는 것처럼 보임.
• 일단 사람들이 합리적으로 행동한다는 전제를 포기하면 그들의 행태를 이해하는 것이 더 쉬워 보임.

- 경제학이 인간 행동의 합리성 가정에 근거하고 있는 첫째 이유는 그 가정이 항상 사실은 아니지만, 여전히 현실에 가깝기 때문임.
  • 경쟁시장과 독점시장에서 기업의 행태를 분석할 때 기업들이 합리적으로 이윤을 극대화한다는 가정을 사용하여 많은 중요하고 유효한 결과를 얻을 수 있었음.
  • 경제학 모형들의 목적은 현실을 복제하려는 것이 아니라 당면한 문제의 핵심을 보임으로써 우리가 현실을 이해하는 데 도움을 주려는 것임.

- 또 다른 이유는 경제학자 자신들이 합리적인 극대화 추구자들이 아니기 때문일 것임.
  • 보통 사람들처럼 그들도 자신을 과신하고, 자신의 믿음을 쉽게 바꾸지 못하기 때문인지 모름.
  • 인간의 행동을 설명하는 다양한 모형 중에서 경제학자들의 선택도 과도한 관성을 가지고 있을 것이며, 더구나 경제학자들도 완벽한 이론 모형보다 충분히 좋은 모형에 만족하고 있는지 모름.

3) 사람들은 공평성을 중요하게 여김

- 인간의 행동에 관한 또 다른 중요한 관찰은 최후통첩 게임(ultimatum game)[102)]이라고 불리는 실험 결과를 통해 잘 나타나는데, 그 결과 전통

---

102) 게임의 내용은 다음과 같음. 서로 잘 모르는 두 지원자에게 이 게임을 통해 100달러의 상금을 얻을 수 있다는 것을 알려줌. 게임 규칙은 다음과 같음. 먼저 동전을 던져 선수 A와 선수 B를 결정함. 선수 A의 역할은 100달러의 현금을 자기 몫과 상대방 몫으로 나누는 일임. 선수 A가 각각의 몫을 나누어 상대방에게 제시하고, 선수 B는 이를 받아들이거나 거부할 수 있음. 만약 선수 B가 제안을 받아들인다면 두 선수 모두 나누어진 몫대로 받아감. 만약 선수 B가 제안을 거부하면 두 선수 모두 아무것도 받을 수 없음. 어느 경우든 게임은 끝남.

적인 경제학 이론의 예측과는 매우 다르게 나왔음.[103]

- 이에 관해 사람들이 어떤 형태의 공평성 개념(fairness)에 좌우된다고 하는 사실을 발견할 수 있음.

- 가계나 기업의 행태를 공부할 때 공평성에 대한 고려는 없었으나 최후통첩 게임의 결과를 보면 아마도 고려해야 할 것 같음.
  - 예를 들어 임금은 원칙적으로 노동의 수요와 공급에 의해 결정되지만, 어떤 경제학자들은 기업이 근로자에게 지급하는 임금에 대해 사람들이 공평하다고 느끼는지가 이 분석에 반영되어야 한다고 주장해왔음.[104]

4) 사람들의 행동은 시간에 따라 일관적이지 않음

- 합리적 인간 행동의 관점에서 보면 당혹스러운 결과이긴 하지만, 실제로 우리 주변에서 이런 행동은 놀라운 일은 아님.
  - 살다 보면 사람들은 여러 번 자신에게 약속을 하지만 이를 잘 지키지 못함.[105]

- 어떤 경제학자들은 소비-저축 의사결정이 사람들의 이와 같은 시간적 비일관성 현상(time inconsistency)을 나타내는 중요한 사례라고 생각함.

---

103) 선수 B의 역할을 하는 사람들은 대부분 자신들에게 오직 1달러나 아주 적은 금액을 주는 제안을 거부했음. 선수 A의 역할을 하는 사람들은 이를 알고 선수 B에게 대부분 1달러보다는 훨씬 많은 금액을 제시했음. 어떤 사람들은 50 : 50 분할을 제시하기도 했지만, 대체로 상대방에게 30~40달러를 제시하고 자신에게 더 많은 몫을 배분했음. 이런 경우 선수 B들은 대체로 그 제안을 받아들였음.

104) 예를 들어 어떤 기업이 어느 해에 이익을 많이 냈다면, 비록 노동시장에서의 균형상태를 볼 때 그럴 필요가 없다고 하더라도 근로자들은 자신들이 이익의 정당한 부분을 받아야 한다고 기대할 것임. 기업들도 만약 높은 임금을 지급하지 않으면 근로자들이 근무를 태만히 하거나 파업을 하거나 기물파손과 같은 행동으로 기업에게 손해 입힐 것을 우려하여 근로자들에게 균형임금보다 높은 임금을 지급할 것임.

105) 흡연자가 담배를 끊겠다고 결심하지만, 마지막 담배를 피운 지 몇 시간도 되지 않아 또 담배가 피우고 싶어 결심을 지키지 못함. 체중을 줄이려고 식사 후 디저트를 먹지 않겠다고 결심하지만, 웨이터가 디저트를 가져와 보여주는 순간 그 결심을 잊고 맘. 이 모두 즉각적인 쾌락을 위해 자신과 맺은 약속을 저버리는 경우라고 할 수 있음.

• 많은 사람들에게 당장의 소비지출은 일종의 즉각적인 쾌락을 주지만, 저축은 현재를 희생하고 장래의 보상을 기다려야 하기 때문에 결국 많은 사람들은 좀 더 저축을 했어야 했다고 후회하게 됨.

- 시사점
  • 사람들이 자신의 결심을 지키기 위해서는 자신의 미래 선택을 어떤 방법을 통해 구속할 필요가 있다는 점임.106)

(4) 세 가지 이론의 종합적 견해

- 경제학 원리 중에 시장이 경제활동을 조직하기 위해 대체로 좋은 수단이라는 점과 정부가 경우에 따라 시장성과를 개선할 수 있다는 점이 있지만, 경제학을 계속 공부할수록 이 두 원리의 진리와 함께 이 두 원리에 부가되는 단서 조건들의 의미도 이해할 수 있을 것임.
  • 비대칭 정보 이론을 공부하면서 시장의 성과에 대해 좀 더 우려하게 되었을 것임.
  • 정치경제학 이론을 공부하면서 정부의 역할에 대해 좀 더 우려하게 되었을 것임.
  • 행태경제학 이론을 공부하면서 인간의 의사결정에 의존하는 모든 제도(시장과 정부 포함)에 대해 좀 더 우려하게 되었을 것임.107)

---

106) 담배를 끊기로 한 사람은 자신이 지니고 있는 담배를 멀리 던져버리거나, 체중을 줄이기로 결심한 사람은 자신의 냉장고에 자물쇠를 채우든가 하는 것임. 저축의 경우에도 너무 조금 저축하는 사람은 자기 소득의 일부를 소비하기 전에 어떤 방법으로든 미리 묶어놓아야 함.

107) 행태경제학(behavioral economics)의 개척자로 노벨 경제학상 수상자(1978년)인 허버트 사이먼은 앞서 본문에서 언급한 바대로 무엇보다 인간을 합리적인 극대화 추구자가 아니라 만족 추구자로 간주하는데, 즉 언제나 '최선'의 선택이 아니라 단지 '충분히 좋은' 선택을 한다는 것, 이른바 '만족 원칙(satisfaction principal)'이 그것임. 여기서 핵심적인 개념은 '제한적인 합리성(bounded rationality)'인데, 인간의 문제 해결을 제약하는 인식능력의 한계(인지적 한계)를 반영하는 표현으로, 그간 주류 경제학이 기반해 온, 나아가 불확실한 조건에서의 판단과 의사결정에 관해 지배적인 이론인 기대효용이론의 전제인 이른바 '합리성'의 가정과 크게 괴리됨. 다니엘 카네만(2002년 노벨경제학상 수상)과 아모스 트베르스키는 이런 문제의식을 더욱 진전시켜 이른바 '휴리스틱스와 편의(heuristics and bias)' 이론을 제출하기도 했음. 휴리스틱스는 '간편추론법' 내지 '주먹구구식 사고' 정도로 해석하는 것이 이해하기 쉬움. 이는 불확실한 조건에서 판단을 내릴

- 지금까지 논의한 세 가지 새로운 이론을 묶는 공통된 주제가 있다면, 그것은 바로 현실은 복잡하다는 것임.
  • 정보, 정부, 그리고 인간 모두가 불완전
  • 경제학은 우리를 둘러싸고 있는 현실을 설명하고, 가능한 한 개선할 수 있으려면 이런 불완전성을 정밀하게 이해할 필요가 있음.

(5) 신제도주의 경제학[108)]

1) 등장 배경

- 주류 경제학이라고 불리는 신고전학파 경제학에서는 어느 특정 국가나 시대를 초월해서 항상 적용되는 경제 원리를 발견하려고 노력하였기 때문에 문화나 경제제도 및 법률 구조 등에 대해서는 일체의 언급이 없이 완전 경쟁적 시장을 가정하고 논의를 전개했음.

- 그러나 현실경제에서는 법과 제도의 차이로 인해 서로 다른 의사결정을 하게 됨.
  • 이와 같이 문화, 법, 제도 등의 차이가 경제적 의사결정에 큰 영향을 미치므로 이러한 요소들을 고려해서 경제이론체계를 다시 수립해야 한다는 주장을 하는 학자들이 많이 등장하고 있는데, 이들을 일컬어서 신제도주의 경제학(New Institutional Economics), 혹은 신제도학파라고 부름.

때 인간은 확률 법칙이나 효용극대화 이론을 복잡하게 따지기보다는 각자의 경험에 비추어 어림짐작, 주먹구구식으로 가장 그럴 듯하게 여겨지는 방법에 의존한다는 것임. 또 이 과정에서 각종 인지 편의가 의사결정을 지배함. 나아가 이들은 기대효용이론에 대한 대안으로 '전망 이론(prospect theory)'을 제시함. 카네만과 트베르스키는 사람들이 위험이 수반되는 일련의 의사결정을 할 때, 전통적인 기대효용이론의 모델과는 달리 손익의 비중과 확률을 다르게 잡는다는 것을 발견했음. 설령 기대 손익의 크기가 같더라도 기대 이익에 따르는 기쁨보다는 손실에 따르는 괴로움을 더 강하게 느낀다는 것임. 이런 전망이론에서 가치는 자산의 최종 가치(기대효용이론의 경우 기대효용)가 아니라, 그 최종 가치를 형성하는 과정에서 '득실'에 할당되는 가치, 즉 재산 규모의 변화나 차이에 대한 상대적 평가에 기반한 가치를 의미함.

108) 동 분야와 관련된 학자로 로널드 코즈(Ronald Coase), 게리 베커(G. Beker), 더글러스 노스(D. North) 등이 있음.

• 이는 자유방임적 시장만을 강조하는 신자유주의 사조에 대한 하나의 대안이 될 수 있을 것임.

2) 신고전학파(주류 경제학)와 신제도주의학파(신제도주의 경제학)의 차이

- 주류 경제학에서는 인간은 합리적이고 이기적인 존재라고 가정함으로써 항상 자신에게 가장 유리한 선택을 할 수 있는 능력이 있다고 본 반면에 신제도학파는 인간이 합리적이 되려고 노력은 하지만 완벽하게 합리적이지 못하고, 제한적으로만 합리적(bounded rational)이라고 보았음.
  • 전지전능하지 않기 때문에 정보를 획득하는 데 비용이 소요되고, 또 정보가 충분하다고 해도 그것을 분석하는 데 완전하지 않기 때문에 완전히 합리적인 결정을 할 수 없다는 것임.
  • 신제도학파는 인간은 이기적일 뿐만 아니라 때로는 기회주의적으로 행동한다고 가정 ⇒ 이기적이라는 것은 자기의 이익을 위해서 선택을 하지만 남에게 피해가 가는 행동을 하지는 않겠다는 가정이 포함되어 있기 때문에 이기적인 인간은 남을 속이지는 않으나 기회주의적인 인간은 이기적인 것을 넘어 때로는 자기에게 유리하면 계약을 파기하기도 한다는 것임. ⇒ 이러한 전제는 계약의 이행을 보장하기 위해서는 비용이 소요된다고 하는 근거가 됨.

- 주류 경제학에서는 동일한 거래가 반복되는 것을 가정하는 데 비해서 신제도주의 경제학자들은 경제적 거래는 반복되는 경우가 별로 없고, 일회적인 거래가 많다고 주장
  • 거래가 일회에 그치는 경우에는 더 기회주의적으로 행동할 가능성이 높아짐.
  • 사소한 거래행위는 반복적인 경우가 많으나 내구성 재화의 구매, 기업의 직원 채용, 빅딜이나 결혼 등 상당히 많은 경제적 거래가 일회적이고, 이러한 거래는 거래횟수는 적을지라도 상당히 중요한 경우가 많음. ⇒ 따라서 거래 당사자들이 기회주의적으로 행동할 가능성이 높으므로 상당한 정보비용이 소요됨.

- 이러한 비용을 줄여 주는 것이 바로 제도임.[109] ⇒ 거래비용을 낮출 수 있는 제도를 어떻게 발전시킬 수 있는가 하는 것이 경제의 효율성을 달성하는 중요한 요소라고 봄.

- 경제분석 방법에 있어서도 주류 경제학은 인간이나 경제환경이 기본적으로 동질적이라고 보고 자연법칙을 탐구하는 물리학과 같이 시대나 국가를 초월해서 항상 적용될 수 있는 일반법칙을 탐구하는 데 관심을 기울인 반면에, 신제도주의 학자들은 경제사회는 결국 인간들의 모임이고 인간은 유기체이므로 시대에 따라서, 또 국가마다 역사가 만들어 준 초기 조건에 영향을 받으며, 생물체가 환경에 적응하면서 변화해 가는 것과 마찬가지로 법과 제도도 진화적으로 변해 간다는 사회진화론의 관점에서 경제현상을 설명하려고 시도

참 | 고 | 자 | 료

(1) N. Gregory Mankiw(2007), 《맨큐의 경제학》, 김경환 · 김종석 옮김, 교보문고.
(2) 김승욱 외(2008), 《알짬 시장경제》, 박영사.
(3) 2009. 5. 2., 《조선일보》, Weekly Biz.
(4) 2008. 10. 10., 《조선경제》

109) 예를 들어 환불제도가 보장된 백화점에서는 재화를 구매할 때 의사결정을 상대적으로 쉽게 할 수 있지만 절대 환불해 주지 않는 재래시장에서는 신중하게 상품을 살피고 정보를 분석해야 함. → 이와 같이 제도는 거래비용에 큰 영향을 미침.

제Ⅱ편

시사경제 초점

1

기회비용의 경제적 의미

(1) 사례를 통해 살펴본 선택에 따른 기회비용

1) 사례 1 : 철수 삼촌과 영희 이모

- 철수의 삼촌은 3년 전 직장생활을 시작하면서 멋진 자동차를 1500만원에 구입
  - 3년 동안 나누어 갚는 조건으로 샀기 때문에 그는 매년 500만원의 할부금을 내야 했으며, 이밖에도 매년 보험료 100만원과 매월 기름 값 20만원을 지출해야 함.
- 반면 영희의 이모는 3년 동안 자동차 구입과 운영 유지비에 해당하는 모든 비용(1500만원+(100만원×3)+(20만원×36)=2520만원)을 결혼비용 마련을 위해 저축하고 있음.

2) 사례 2 : 갑돌이와 갑순이

- 갑돌이와 갑순이는 서로 사랑하여 결혼도 하고 아들딸도 낳아 남부럽지 않게 살고 있는데 갑돌이에게는 지금도 후회스럽고 아쉬움이 남는 일이 있음.
- 총각시절 사귀었던 끝순이가 갑순이보다 마음씨가 좋고 얼굴도 예뻤는데 왜 끝순이와 결혼하지 않았는지 후회하고 있음.
  - 가끔씩 친구들 모임에서 끝순이를 보거나 끝순이와 결혼한 친구 돌석이를 보면 돌석이가 부럽기만 하는데, 요즘은 갑순이를 보면 미운 점만 자꾸 보이고 때로는 짜증이 나기도 함.

3) 선택에 따른 기회비용

- 사례 1에서 철수 삼촌이 자동차를 구입한 선택의 대가로 3년간 약 2500만원의 현금(이자를 합하면 약 3000만원)을 포기해야 했는데, 이것을 경제학 용어로는 선택에 따른 '기회비용'이라 부름.
- 사례 2의 경우 갑돌이가 갑순이를 선택할 때의 기회비용은 끝순이와 결혼할 경우의 행복의 정도라 할 수 있음.

(2) 경제적 의사결정의 기준

- 경제적인 의사결정을 할 때 나의 선택에 따른 만족의 정도(효용)가 기회비용보다 큰지를 항상 생각하여야만 함.
- 사례 1과 2에서 철수 삼촌과 갑돌이가 기회비용의 개념을 알았더라면 다른 선택을 하였을 수도 있었을 것임.
- 우리가 현명하고 행복하게 살고 싶다면 세상에 공짜는 없다는 점과 선택에는 기회비용이 따른다는 경제원칙을 잊지 말아야 함.

(3) 개인마다 다른 기회비용의 크기

- 기회비용은 사람들의 가치관이 다르듯 개인마다 다를 수밖에 없음.
  - 삼성 이건희 회장의 1시간 기회비용과 홍길동 대리의 기회비용이 다르고, 좋은 대학을 가기 위해 하루 4시간밖에 자지 않고 공부하는 철수의 1시간 기회비용과 시간 귀한 줄 모르고 놀기만 하는 영희의 1시간 기회비용은 다를 수밖에 없음.

(4) 기회비용 측정을 위한 사례 1

- 경제학 교과서에서 기회비용은 '포기된 대안 중에서 가장 가치가 큰 것'이라고 서술되고 있음.

• 여러 개의 선택 대안이 있을 때 그중 어느 하나를 선택함으로써 나머지들은 포기되는데, 그 포기된 여러 가지 중에서 가장 가치가 큰 것을 기회비용이라고 한다는 것임.

- 흔히 제시되는 예로, 오후시간을 어떻게 사용할 것인가를 결정함에 있어서 ① 경제원론 공부 ② 남자친구와의 데이트 ③ 바둑 등 세 가지 대안을 놓고 고민하고 있다면 당연히 각 대안들의 가치를 살펴보게 될 것임.
  • 경제원론을 공부함으로써 얻게 되는 가치란 A학점의 성적이 될 것이고, 남자 친구와의 데이트의 가치는 데이트를 함으로써 얻게 되는 즐거움, 그리고 바둑의 가치는 바둑 두는 데에서 오는 재미일 것임.

- 세 대안의 가치를 수치로 표현할 수 있고 그 값이 각각 100, 90, 80이라면, 경제원론 공부를 선택하지 않을 경우 기회비용은 각각 100으로 가장 크기 때문에 경제원론을 공부하는 것이 합리적인 선택이 됨.

(5) 기회비용 측정을 위한 사례 2

- 포기된 차선책의 가치까지 고려해야만 보다 합리적

- 경제생활에서 선택은 피할 수 없는 것이며, 소득 역시 한정되어 있으니 원하는 것을 다 살 수는 없음.

- 그러므로 우선순위를 따져서 구매 순서를 정할 수밖에 없는데, 개인과 마찬가지로 국가경제에도 우선순위를 따지게 됨.
  • 정부가 하고자 하는 각종 사업은 국민이 내는 세금을 토대로 시행되므로 이 역시 예산제약을 받음.
  • 따라서 비용이 얼마인지가 우선순위 결정에 관건이 됨.
  • 하지만 단지 구매 상품 혹은 사업의 투입비용만을 살펴보는 것은 다양한 선택 사안을 염두에 둘 때 적절하지 않음.

- 기회비용은 직접 소용되는 비용 외에 포기된 차선책의 가치를 함께 고

려함으로써 선택을 보다 합리적으로 하기 위해 활용됨.

- 예를 들어 만원을 가지고 영수는 영화관람을 할 것인지 아니면 한강유람선 관광을 할 것인지 고민하고 있는데, 영수가 직면하고 있는 선택 사안들은 〈표 시1-1〉과 같음.

〈표 시1-1〉 영수의 선택 사안

선택 사안	편익 가치	소요 비용	기타
영화관람	13,000원	10,000원	-
한강유람선 관광 A	27,000원	20,000원	고급형(음료수 제공)
한강유람선 관광 B	12,000원	10,000원	일반형

• 영화를 관람한다면 한강유람선 관광을 포기하는 것이지만 〈표 시1-1〉에서 보듯이 유람선 관광 코스는 10,000원과 20,000원 두 종류가 있음.
• 따라서 영화를 관람할 때 포기되는 유람선 관광은 한강유람선 B코스이지 A코스는 아닐 것임.
• 이와 같은 사정이 있는데도 고급형인 한강유람선 A코스 만족의 크기인 27,000원을 영화관람의 포기 대가로 보고 기회비용을 27,000원이라고 말한다면 누구도 합당한 선택 사안 비교라고 하지 않을 것임.

- 따라서 1만원을 내고 탄 한강유람선으로부터 오는 즐거움이 화폐가치로 12,000원에 해당한다면, 영수의 영화관람에 대한 기회비용은 영화관람에 드는 직접 비용 10,000원과 포기된 선택 사안인 한강유람선 관광으로부터 얻을 수 있는 가치 12,000원을 합한 22,000원이라고 할 수 있음. 반대로 한강유람선을 선택한다면 기회비용은 23,000원(10,000원+13,000원)이 됨.

1) 선택의 결론

- 기회비용이 적은 영화관람이 합리적인 선택임.

- 직접 투입되는 비용에 포기된 대안의 크기를 합쳐서 기회비용의 크기를 측정하고 이를 토대로 선택행위를 하는 것이 합리적인 이유는 이제 밝혀진 셈

2) 스티글리츠의 견해

- 경제학자 스티클리츠는 기회비용의 정의와 관련하여 포기된 돈으로 무엇을 할 수 있는가를 고려하여야 한다고 말했음.
- 그러니까 영화관람 비용이 10달러라면, 영화관람의 기회비용을 고려할 때는 이 10달러를 가지고 무엇을 할 수 있는가로부터 기회비용이 측정되어야 한다는 것임.

(6) 기회비용 측정을 위한 사례 3

- 선택 사안별로 다를 수 있는 시간의 문제도 고려
- 시간이란 투입비용 : 사례 1, 즉 경제원론 공부, 데이트, 바둑 두기의 예에서 투입비용은 무엇일까?
  - 제시된 예로부터 금전적 비용은 없지만 대신 오후시간이라는 투입요소가 있음을 알 수 있음.
  - 시간은 돈이라 했으니 세 대안 모두 오후라는 적지 않은 비용이 들어감.
  - 애초 아담스미스가 사슴 한 마리의 기회비용은 수달피 두 마리라고 했을 때는 사냥도구 등은 같다고 보았을 뿐만 아니라 같은 시간을 들여서 사냥을 할 때 사슴 한 마리 잡는 시간이 수달피 두 마리 잡는 시간에 해당한다는 뜻이었음.
- 투입비용과 시간을 고려하지 않은 채 선택 사안들이 우리에게 주는 만족의 크기만을 내세워 기회비용을 측정한다면 당연히 오류가 발생하게 됨.

- 사례 1로 돌아가 보자고 말한 이유는 시간의 문제를 좀 더 짚어 보고자 하기 때문

- 오후시간 또는 사냥시간과 같이 비교적 파악이 용이한 시간이면 기회비용의 계산에 큰 장애가 되지 않지만 선택 사안에 따라서 시간의 길이가 달라질 수 있음.

- 대표적인 기회비용 문제의 하나인 대학진학과 취업 사이에서의 선택과 관련하여 만약 대학진학을 고려한다면 이로 인해 포기된 것은 취업이므로 취업으로 발생할 가치, 즉 대학재학 기간 동안 직장에서 일을 해 벌 수 있는 소득의 크기가 기회비용에 고려됨(물론 대학을 다님으로 해서 발생하는 등록금, 교재비 등을 기회비용에 포함해야 함은 당연).

- 하지만 대학진학의 기회비용은 대학을 다니는 4년 동안만의 문제가 아님.
  - 취업을 했다면 벌 수도 있었을 4년간의 연봉만이 포기된 가치가 아니라는 것임.
  - 대학을 다녔는가와 그렇지 않은가는 현실적으로 취직 후 월급수준에 영향을 주기 때문에 생산성 외에 대학 졸업의 여부가 임금격차에 영향을 준다면 포기된 것의 가치 속에는 대학을 졸업하지 않은 탓에 받게 될 불이익도 포함되어야 함.

    * 대학진학의 기회비용 : 등록금 · 교재비 등 + (취업 시 벌 수 있었을 소득 − 대학을 졸업하지 않아 받게 될 불이익)

- 그러니까 단지 대학재학 기간 4년만을 취업과 비교해서 기회비용을 살펴보는 것보다 대학 졸업 후의 먼 장래를 함께 고려해서 기회비용을 계산한다면, 대학에 진학할 것인가의 여부가 우리의 인생에 큰 영향을 주는 선택 사안으로서 보다 합리적으로 고려될 수 있음.

- 우리 사회가 진보적으로 발전하여 능력 이외의 요소가 주는 영향이 적어지는 좋은 사회가 된다면 사람에 따라서는 일찍 자신의 소질에 맞추어 직장을 잡고 자신을 발전시켜 나갈 수 있으므로 대학진학의 기회비용이 더 클 수도 있음.

참 | 고 | 자 | 료

(1) 이성표(2007), "기회비용의 이해", 《"click" 경제교육》, 한국개발연구원, 2007. 3.

(2) 안형순(2007), "선택과 기회비용", 한국은행 경제교육(경제기초원리), 2007. 3. 30.

2 가격규제

(1) 가격규제의 예 : 최저임금제

- 최저임금제는 저임 근로자들의 생활수준 개선을 목적으로 노·사·정 간 임금결정과정의 합의를 통해 최저수준을 정하고 사용자에게 이 수준 이상의 임금을 지급하도록 법으로 강제하는 제도를 말함.
- 이러한 취지로 실시된 최저임금제가 오히려 아파트경비원, 보일러공 등 저임 근로자에게 해가 되고 있다고 하는데 왜 이런 결과가 나타난 것일까?

(2) 특정 목적을 달성하기 위해 가격규제 시행

- 가격규제는 특정한 목적을 달성하기 위해 시장에 인위적으로 개입하는 것을 말하는데, 가격상한제와 가격하한제가 있음.
- 가격하한제는 가격을 일정수준 아래로는 내리지 못하도록 하는 것인데, 이는 현재 시장에서 결정된 가격이 너무 낮다고 보기 때문임.
- 따라서 이때 정해진 가격은 당연히 시장 균형가격보다 높게 됨.
- 대표적 예로 최저임금제는 임금 하한을 정한 것이므로 이 제도가 적용되면 아파트경비원의 월급은 올라가게 됨.
  - 아파트경비원의 월급이 오르게 되면 관리사무소는 더 많은 관리비를 주민들로부터 거둬야 함.
  - 당연히 주민들의 불만은 커질 것이고, 단기적으로는 관리경비를 최대한 억제하여 고용을 유지하겠지만 새로운 계약체결 시 해고 가능성을

배제할 수 없으며, 무인경비시스템을 고려하는 상황까지 갈 수도 있음.

- 반면 경비원의 월급은 더 올랐으므로 경비를 하려는 사람들은 더욱 많아질 것이고, 이 때문에 초과공급의 문제가 생겨 그만큼 실업이 발생하게 됨.

(3) 가격규제에 따른 비용도 고려해야

- 최저임금제를 옹호하는 사람들은 이 제도가 실업을 증가시키는 등의 부작용도 있지만 그 정도가 심하지 않고, 무엇보다 저임 근로자들의 소득을 향상시킬 수 있다고 주장
  - 이른바 시장개입을 통한 '형평'을 중시

- 반면 이 제도를 반대하는 사람들은 최저임금이 높아지면 실업이 발생하고 낮은 임금을 감수하고라도 일자리를 원하는 사람들의 기회를 박탈하기 때문에 오히려 저임 근로자들에게 도움이 되지 않는다고 주장
  - 이들은 시장개입을 반대하고 '형평'보다는 '효율'을 중시
  - 따라서 최저임금제 같은 가격규제가 아니라 임금보조제도와 같이 직접적으로 이들의 소득을 보충해 주는 제도가 더 효과적이라고 말함.

- 결국 최저임금제와 같은 가격규제는 '효율'과 '형평'에 대한 사회적 선택의 결과라 할 수 있음.
  - '효율'이 더 강조돼야 할지 '형평'이 더 존중돼야 할지는 아무도 정답을 확신 못함.
  - 그러나 모든 선택에는 대가가 따르듯이 가격규제라는 시장의 개입에도 그 대가가 따름.
  - 상대적으로 어려운 계층을 도울 목적으로 도입된 것이 오히려 이들에게 해가 되는 경우가 생길 수도 있기 때문임.

- 그렇다고 최저임금제를 시행할 경우 실업이 발생하므로 이를 시행하지 말아야 할까?

• 최저임금제를 시행하지 않을 경우 저임 근로자들은 당장 실업을 면할 수는 있겠지만 저임금은 벗어날 수가 없음.
• 따라서 중요한 것은 이러한 비용을 최소화하려는 노력이라고 할 수 있음.

참 | 고 | 자 | 료

(1) 유성임(2007), "가격규제, 독일까 약일까?", 《"click" 경제교육》, 한국개발연구원, 2007. 3.
(2) 이준구 · 이창용(2007), 《경제학 들어가기》, 법문사, 2007. 3.
(3) 김승욱 외(2008), 《알짬 시장경제》, 박영사, 2008. 2.
(4) N.GREGORY MANKIW(2007), 《맨큐의 경제학》, 김경환 · 김종석 옮김, 교보문고, 2007. 1.

3

탄력성의 이해

(1) 일상생활 속의 탄력성

1) 박리다매 사례

- 박리다매란 물건 값이 싸더라도 많이만 팔리면 이윤이 남는다는 이야기
- 빵 가게를 하는 엄지 엄마는 요즘 박리다매 전략을 활용하여 빵 값의 20%를 할인해 주는 세일행사를 구상 중인데 과연 성공할 수 있을까?
  - 빵이 더 많이 팔려서 성공할 수 있을 것 같지만 꼭 그런 것만은 아님.
  - 빵 값이 내린 정도보다 빵 판매량이 느는 정도가 더 크지 않으면 빵을 팔아 받은 돈은 오히려 줄기 때문
  - 이때 빵 값이 내린 정도보다 빵 판매량이 더 많이 늘어나면 빵 수요가 가격에 대해 탄력적이라고(또는 탄력성이 크다고) 하고, 반대의 경우를 비탄력적이라고(또는 탄력성이 작다고) 함.
- 박리다매 전략은 빵 수요가 탄력적인 경우에만 성공할 수 있음.

2) 발렌타인데이 사례

- 발렌타인데이(매년 2월 14일)가 다가오면 꽃이나 초콜릿을 찾는 사람이 늘어나면서 가격도 평상시보다 많이 오르게 되는데, 흥미로운 사실은 장미꽃이 초콜릿보다 훨씬 값이 크게 오른다는 점임. 왜 그럴까?
  - 초콜릿은 공장에서 대량생산이 가능하므로 가격이 오를 경우 공급량을 즉시 늘릴 수 있는바, 즉 초콜릿의 공급은 탄력적임.

- 반면 장미꽃은 아무리 가격이 올라도 단기간에 공급량을 늘리기는 어려운, 즉 장미꽃의 공급은 비탄력적임.

- 우리는 여기서 상품에 대한 수요가 늘어나더라도 그 상품의 공급탄력성이 크면 가격이 조금밖에 오르지 않는 반면, 공급탄력성이 작으면 가격이 크게 오른다는 것을 알 수 있음.

(2) 자극에 대한 변화의 크기나 민감도를 측정하는 탄력성

- 탄력성은 우리의 일상생활에서도 많이 쓰이고 있지만 원래는 물리학에서 많이 사용되는 말임.
  - 테니스공과 야구공을 땅바닥에 튕겨 보면 테니스공이 야구공보다 높이 튀어 오르는데, 즉 테니스공이 야구공보다 탄력이 좋음.

- 그런데 우리가 자주 쓰는 수요, 공급, 가격 등에 이 탄력의 개념을 적용하면 경제현상을 보다 쉽고 재미있게 이해할 수 있고 실생활에도 유용하게 활용할 수 있음.
  - 경제학에서 탄력성은 '충격에 대해 반응하는 정도'라고 할 수 있음.
  - 어떤 종류의 충격이 왔느냐에 따라 가격탄력성, 소득탄력성 등으로 구분
  - 또한 반응하는 대상이 무엇인지에 따라 수요탄력성, 공급탄력성 등 여러 가지가 있음.[110)]

(3) 탄력성의 크기

- 탄력성은 가격이나 수요량 등의 변화 정도를 비율로 표시하여 측정하기 때문에 반응하는 쪽이 감소하는 경우는 탄력성의 부호가 음(-)으로 나타날 수 있음.

---

110) 금리가 하락하여 설비투자가 늘어나는 정도를 이야기할 때는 설비투자의 금리탄력성이라 할 수 있음. 탄력성 중에서는 가격이 변할 때 수요가 얼마나 민감하게 변동하는지를 나타내는 수요의 가격탄력성이 가장 많이 이용되고 있음.

- 그러나 변화의 방향보다는 크기가 중요하므로 보통 탄력성을 이야기할 때에는 부호를 무시하고 양수(+)로만 나타냄.
  • 겨울이 되면 즐겨 먹는 호빵의 가격이 5% 오를 때 호빵의 수요량(판매량)이 5% 감소했다면 호빵의 가격탄력성은 1이 됨.
  • 그런데 쌀이나 또는 지하철 요금이 30% 내린다고 쌀 소비나 지하철 이용횟수가 크게 늘어나지는 않음.

- 가격이 변동하는 정도보다 수요량이 덜 변동하는 경우를 탄력성이 1보다 작다 또는 수요가 비탄력적이라고 말하는 반면, 고급의류 등 일부 사치품은 가격의 변동에 따라 수요가 더욱 민감하게 변하므로 탄력성이 1보다 크다고 할 수 있음.

(4) 개인과 기업의 탄력성 크기에 따른 수익 극대화 전략

- 우리가 어떤 상품이나 서비스의 탄력성에 대해 잘 알고 있다면 경제활동을 함에 있어서도 크게 도움을 받을 수 있음.

- 사례
  • 한나 아빠는 그동안 여유자금을 예금과 주식투자를 통해서만 늘려 왔으나 여유자금 규모가 늘어나면서 이 중 일부를 이용하여 부동산투자를 할 계획을 가지고 있는데, 부동산 중에서도 상가에 투자할지, 주택에 투자할지를 고민 중임.
  • 한나 아빠는 전문가와 상담 결과 주택보다 상가 가격의 소득탄력성이 더 크므로 상가에 투자하기로 결정
  • 즉 소득이 늘어날 경우 주택보다는 상가의 가격이 더 많이 오를 것으로 기대하고 한나 아빠는 그런 결정을 한 것임.

- 한편 경제상황이 어렵고 경기가 좋지 않을 때는 엄지 엄마와 같은 가격인하 전략으로 어려움을 타개할 수 있으나 과거 일본이 장기간 불황을 겪을 당시 일부 명품을 파는 가게는 제품 가격을 올려서 성공한 경우도 있었다고 함.

• 가격이 매우 비싼 일부 명품은 가격을 내린 만큼 수요가 크게 늘지 않기 때문에(수요의 가격탄력성이 크지 않기 때문에) 가격을 내리면 오히려 총판매금액이 줄어들기 때문

(5) 평 가

- 탄력성은 개인이나 기업뿐만 아니라 국가가 각종 정책을 마련하고 시행할 때에도 이를 잘 알아야 원하던 효과를 볼 수가 있음.
  • 환율이 10% 오를 때 수출이 얼마나 늘어날지, 돈이 시중에 5% 더 늘어날 때 물가가 얼마나 오를지, 경제가 4% 성장하면 일자리가 얼마나 더 늘어날지 등의 문제는 모두 탄력성을 잘 알아야만 풀 수 있는 문제들임.

- 탄력성에 대해 잘 이해하고 일상생활에 적용해 본다면 경제를 더욱 잘 알 수 있고 경제적인 의사결정도 훨씬 더 현명하게 할 수 있을 것임.

참 | 고 | 자 | 료

(1) 안형순(2007), “탄력성에 따라 달라지는 경제 효과”, 한국은행 경제교육(경제기초원리), 2007. 7. 12.

4

시장경제의 작동원리

(1) 다양한 형태의 시장

- 우리는 시장이라고 하면 편의점이나 할인마트 또는 남대문시장과 같은 구체적인 장소를 먼저 생각하게 됨.
- 그러나 시장에는 다양한 종류와 형태가 있음.
  - 프로축구 구단에서는 선수와 구단 사이에 연봉계약이 이루어지고 방송국에서는 연예인과 출연계약을 맺으므로 그곳 역시 시장이라 할 수 있음.
  - 금융시장이나 외환시장도 있고 인터넷상으로 거래가 이루어지는 사이버시장도 있음.
  - 또한 최근에는 쌀시장 개방 압력, 영화시장 개방 불가 등과 같은 말을 들은 적이 있을 것임.
  - 나아가 한 국가나 세계 전체를 한 시장으로 보기도 함.
- 거래대상이 있고 사려는 사람과 팔려는 사람이 있어 거래가 이루어지는 곳은 모두 시장이라 할 수 있음.

(2) 시장경제와 계획경제

- 시장경제(자본주의 경제)란 사유재산제도를 인정하면서 시장에서 결정되는 가격에 의해 자원이 효율적으로 배분되고 자발적인 교환에 의해 경제문제가 해결되는 경제체제를 말함.
- 이에 대하여 계획경제(사회주의 경제)란 시장경제와 대응되는 개념으로 생산이나 교환이 국가의 계획이나 지시에 의해 이루어지는 경제체제를 말함.

〈표 시4-1〉 시장경제와 계획경제의 특징

비교 기준	시장 경제	계획 경제
생산 수단	개인 소유(사유재산제)	국가나 공공 소유
경제활동 조정	시장의 가격 기구	명령과 계획
의사결정 주체	개별경제 주체	중앙 당국
경제활동 동기	개인의 이익 추구	공동의 목표 추구
경제활동 목표	효율성의 추구	형평성의 추구

- 오늘날 대부분의 나라들은 시장경제체제를 근간으로 하되 국가가 보완적으로 시장에 개입하는 형태(혼합경제)를 채택하고 있음.

(3) 시장경제체제의 특징

- 시장경제에서는 개인이나 기업 등 각 경제주체가 무엇을, 얼마만큼, 어떻게 생산하고 소비할 것인지를 스스로 결정
- 이러한 의사결정은 시장에서 결정되는 가격에 따라 자신의 만족을 극대화하는 선택들로 이루어짐.
- 다시 말하면 시장에서 수요와 공급에 의해 결정되는 가격은 수많은 경제주체의 개별적인 활동을 자율적으로 조정하는 매우 중요한 역할을 한다고 할 수 있음.[111)]

(4) 시장에서 작동하는 보이지 않는 손

- 자연현상과 마찬가지로 우리가 늘 접하는 경제현상도 신비롭게 이루어지는 측면이 있음.

111) 시장경제란 민(民)이 주도하는 경제활동을 말함. 이 과정에서 정부는 민간이 자유로운 경제활동을 할 수 있도록 최소한의 개입을 주장함. 정부는 생산물의 생산・분배에 관여하지 않고 국민에게 필요한 법질서 유지, 재산권 보장, 치안, 국방 등과 같은 국민에 봉사하는 기능을 강조함.

- 수많은 경제주체들이 시장에서 끊임없이 각자의 이익을 위해 경제활동을 하지만, 전체적으로 조화를 달성하면서 생산과 교환이 이루어지는 것은 놀라운 일임.
- 그것도 더 이상 개선의 여지가 없을 정도로 효율적으로 이루어진다면 더더욱 놀라운 일일 것임.

- 시장경제체제의 이러한 특성을 영국의 경제학자 아담 스미스는 시장의 '보이지 않는 손'에 의해 그런 일들이 이루어진다고 설명하였음.[112)]

- 이와 같이 시장경제체제의 효율성은 시장 내에서 경제주체들의 자유의지에 의해 형성된 가격이 제 기능을 발휘하는 데서 보장된다고 할 수 있음.

- 이러한 가격의 기능을 강조하여 시장경제체제를 가격기구(price mechanism)라고도 함.[113)]

(5) 경쟁은 시장경제 작동의 기본전제

- 시장에서는 돈을 벌려는 사람과 필요한 것을 구하려는 사람들이 모여 여러 가지 거래를 함.

- 이런 시장에서 각 경제주체는 자신의 이익을 극대화하기 위해 다양한 경쟁을 하기 때문에 시장은 활기차게 움직임.
  - 가격경쟁은 물론이고 제품의 질을 향상시키기 위한 경쟁, 보다 나은 애프터서비스를 제공하기 위한 경쟁, 새로운 시장을 개척하기 위한 경쟁, 보다 좋은 직장이나 일자리를 갖기 위한 경쟁 등 무수히 많음.

---

112) 부연설명하면 보이지 않는 손이란, 수없이 많은 경제주체들이 시장에서 끊임없이 각자의 이익을 위해 경제행위를 하지만, 전체적으로 조화를 달성하면서 생산과 교환이 이루어지고, 이렇게 이루어지는 생산과 교역으로 시장의 효율성이 증대되는 것임. 이러한 시장기능의 효율성은 사실 시장 내에서 경제주체들의 자유의지에 의해 형성된 가격기능에 의해서 가능해짐.

113) 시장경제의 특징은 시장에서 수요와 공급의 힘에 의해 가격이 결정된다는 것임. 이 가격이 무엇을 생산하고, 어떻게 생산하고, 누구를 위해 배분할 것인지에 대한 경제문제를 해결해 줌. 그렇기 때문에 가격은 신호의 역할, 자원배분의 역할을 수행함.

- 시장경제의 가장 중요한 작동원리는 이러한 경쟁이라 할 수 있는데, 시장경제에서 경쟁이 중요한 이유는 경쟁이 있어야 가격이 제 기능을 제대로 발휘할 수 있기 때문임.
  - 경쟁이 없고 독점이윤을 누리는 기업이나 산업은 기술개발의 필요성을 느끼지 못하는 경우도 많음.
  - 사적 소유권이 인정되지 않는 사회주의에서는 개인이 노력한 결과가 자기의 소득으로 연결되지 않기 때문에 경쟁의 효과를 기대하기가 어려움.

- 따라서 경제활동이 효율적으로 잘 이루어지도록 하기 위해서는 바로 이 경쟁이 자유롭고 공정하게 이루어질 수 있도록 하는 것이 매우 중요[114]

(6) 정부의 역할

- 시장경제체제는 앞서 살펴본 바와 같이 시장의 자율적인 가격기능과 자유로운 경쟁에 의해 자원의 분배나 생산 · 소비 등의 경제문제가 효율적으로 해결되는 체제라 할 수 있음.

- 그러나 현실적으로는 시장 여건이 불완전한 경우가 많이 있으며, 또한 교육이나 환경 등의 문제를 시장기능만으로 해결하기는 어려움.

- 이와 같이 시장에 의해 자원배분이 효율적으로 이루어지지 못한 상태를 시장실패(market failure)라고 함.

- '허생전'에 나오는 허생의 사례
  - 주인공 허생은 하던 공부를 그만두고 장사를 하여 많은 돈을 벌었다고 함.

---

114) 시장경제가 잘 작동하기 위한 기본조건은 다음과 같음. 첫째, 경제적 자유가 보장(각 경제주체들의 의사결정이 다른 누구에 의해 제약되거나 구속받지 않고 스스로 결정함)되어야 함. 둘째, 사려고 하는 사람과 팔려고 하는 사람들 사이의 자발적 교환임. 셋째, 사유재산의 보장임. 넷째, 각 개인들은 자신의 이익을 추구하기 위해서 행동함. 다섯째, 순수 경쟁을 보장함. 생산자나 소비자의 사익추구(이윤추구)는 경쟁을 전제로 하는데, 경쟁을 통하지 않는 사익추구는 사회에 해를 끼칠 수도 있음.

- 허생이 이렇게 큰돈을 벌 수 있었던 이유는 생활필수품을 매점매석하였기 때문
- 즉 시장에 있는 말총(당시 선비들의 필수품인 붓을 만드는 재료)을 모조리 사들인 후 마음대로 값을 올려 큰 이익을 남긴 것임.
- 이와 같은 생활필수품에 대한 독점은 국민들의 생활에 큰 피해를 주므로 대부분의 국가에서는 생필품에 대한 독점을 법으로 금지

- 정부는 시장경제에서 시장이 제대로 기능할 수 있도록 법과 규칙을 만들고 이를 집행하는 심판자 역할을 함.

- 그러나 정부의 적절치 못한 대응이나 지나친 개입은 오히려 경제의 효율성을 높이기보다는 오히려 떨어뜨리는 경우가 있는데, 이를 정부의 실패(government failure)라고 함.

- 그런데 시장실패의 폐해 못지않게 정부실패도 심각한 문제를 낳게 됨.

- 따라서 대부분의 경제활동은 시장의 경쟁 원리에 맡겨 두고 정부는 시장에서 공정하게 경쟁이 이루어지도록 법이나 제도를 개선하고 지키도록 하는 감시자 역할에 충실함으로써 정부실패를 최소화할 수 있음.

- 이외에도 소득분배의 불균형을 개선하고 소년소녀가장 등 경제적 약자를 배려하는 것도 정부가 해야 할 일임.

- 또한 기업에 대한 정부의 규제를 완화하는 것도 자유시장경제체제의 강화를 통하여 경제에 활력을 불어넣기 위한 것이라 할 수 있음.

참 | 고 | 자 | 료

(1) 안형순(2007), "시장경제의 작동원리", 한국은행 경제교육(경제기초원리), 2007. 5. 10.
(2) 안선경(2007), "시장경제의 기본원리", 《"click" 경제교육》, 한국개발연구원, 2007. 5.

5 부의 효과

(1) 의 미

- 개인들이 보유하고 있는 주식이나 부동산과 같은 자산가격 변화가 소비에 미치는 영향을 말함.

(2) 구체적 내용

- 개인이 보유하고 있는 주식의 가격이 오르면 그만큼 부가 늘어나 소비를 늘릴 수 있는 여력이 커지며, 반대로 주식가격이 하락하면 소비여력이 작아진다는 것임.

- 부의 효과(Wealth Effect)는 부동산과 같은 실물자산의 가치변동을 통해서도 나타남.
  - 금리가 하락하거나 시중 유동성이 풍부해지면 주택, 토지 등에 대한 수요가 늘어나 부동산 가격의 상승을 가져올 수 있음.
  - 부동산은 우리나라 가계자산에서 70% 이상 차지하고 있기 때문에 부동산 가격이 상승하면 개인들은 이전보다 부유해진 것으로 생각하게 되어 소비지출을 늘릴 개연성이 커지게 됨.
  - 또한 부동산 가격이 상승하면 담보가치도 높아져 은행으로부터 대출을 받기가 쉬워지고 이를 소비 재원으로 활용할 수도 있음.
  - 반대로 국내외 금융시장 불안이 계속되고 전 세계적인 유동성이 빠르게 줄어들어 부동산 가격이 하락하게 된다면 개인의 소비심리나 여력은 위축될 수밖에 없음.

(3) 실증분석 결과

- 실제로 우리나라에서도 자산가격의 변화가 소비에 크게 영향을 미치는 것으로 분석되고 있음.

- 실증분석 결과를 보면 주가상승률이 10% 포인트 상승하면 민간소비증가율은 0.6% 포인트 높아지고, 토지가격이 10% 상승할 경우 가계의 비내구재 소비는 0.4%가량 늘어나는 것으로 나타났음.

참 | 고 | 자 | 료

(1) 곽상곤(2007), “부의 효과”, 한국은행 경제교육 청소년 경제나라(시사경제), 한국은행 경남본부, 2007. 10. 22.

6

한계의 원리

(1) 현명한 의사결정과 한계의 원리

- 한계효용, 한계비용 등 한계의 개념은 중요한 경제 원리일 뿐만 아니라 일상생활에서도 많이 쓰이기 때문에 생활 속의 예를 통해 알아보도록 하자.

1) 사례 1

- 영효는 오늘 기말고사가 끝난 후 친구들과 축구를 하였는데, 시합이 끝난 후 목이 매우 말라 콜라 한 병을 샀음. 한 잔, 두 잔, 시원한 그 맛에 날아갈 듯이 기분이 좋아졌으며 세 번째 잔을 마시자 갈증이 가셨음. 그러나 네 번째 잔부터는 너무 배가 불러 좋았던 기분이 오히려 불쾌감으로 변했음.

2) 사례 2

- 동재는 기말고사가 끝난 기념으로 그동안 모아 둔 용돈 중 4만원을 가지고 주말을 즐기기로 하였는바, 동재는 영화광이기 때문에 우선 영화 두 편을 2만원을 주고 보았음. 남은 돈으로 영화를 한 편 더 볼까, PC방에 가서 오락을 할까, 음악회를 갈까 망설이다가 PC방과 음악회(각각 1만원)를 가기로 하였음.

3) 사례 3

- 지영이와 은영이는 같은 반 친구인데, 두 사람은 기말고사를 앞두고 공

부방법에 관한 이야기를 하던 중 서로 차이가 있음을 발견하였음. 지영이는 좋아하는 과목을 먼저 하고 어렵거나 싫어하는 과목은 나중에 한다고 하는 반면, 은영이는 과목별로 1시간 더 공부를 할 때마다 몇 점을 더 올릴 수 있는지를 생각해서 많은 점수를 올릴 수 있는 과목부터 한다고 하였음.

4) 사례 4

- 서울에서 제주까지 운항하는 비행기의 요금이 10만원일 경우 좌석의 여유분이 있는데 승객 한 명이 5만원에 태워 달라고 한다면 항공사는 이 사람을 태워야 할까, 말아야 할까?

(2) 한계효용 및 한계효용체감의 법칙

- 우리가 돈이나 시간을 사용하거나 또는 재화나 서비스를 소비하면서 얻을 수 있는 만족이나 행복감을 '효용'이라고 함.

- 그리고 소비를 조금씩 늘릴 때마다 추가적으로 늘어나는 효용을 '한계효용'이라고 함.
  - 여기서 한계라는 말은 추가적인(additional) 또는 끝 부분에서의 조그마한 변동(marginal)을 뜻하는 말임.

- 그런데 개인이나 기업 등 경제주체는 '지금보다 조금 더' 변화할 때의 결과(한계효용 또는 한계수입, 한계비용)를 고려하여야만 현명하고 합리적으로 의사결정을 할 수 있게 됨.

- 위의 〈사례 1〉에서와 같이 사람들은 보통 첫 번째 소비에서 가장 큰 만족(한계효용)을 누리게 되지만 소비가 한 단위씩 늘어날 때마다 만족이 감소하게 되는데 이러한 현상을 '한계효용체감의 법칙'이라 함.
  - 그런데 여기서 콜라 세 잔까지는 한계효용이 감소하다 네 번째 잔부터는 음(−)의 값을 갖게 됨을 주의할 필요가 있음.

- 즉 한계효용이 체감하더라도 영(0)보다 크다면 효용은 여전히 증가하게 됨.
- 그러나 한계효용이 음(−)이 되는 순간부터는 효용이 오히려 감소하여 합리적인 소비라 할 수 없을 것임.
- 지나침은 부족함만 못하다는 말은 소비에도 적용됨을 알 수 있음.

(3) 개인의 효용 극대화를 위한 선택

- 우리가 시간을 무제한으로 사용할 수 있고 돈도 마음대로 쓸 수 있는 부자라면 하고 싶은 일을 마음대로 하면서 행복을 극대화할 수 있을 것임.

- 그러나 대부분의 사람들은 그렇지 못하기 때문에 우리는 주어진 여건 하에서 자신의 행복을 극대화하기 위해 노력하게 됨.

- 위의 〈사례 2〉에서 동재는 매우 현명하게 소비활동을 하고 있음을 알 수 있음.
  - 동재가 영화를 한 편 볼 때의 한계효용(만족감)을 100이라 하고, 두 번째 영화는 80, 세 번째 영화는 70 정도로 줄어든다고 가정, 한편 PC방과 음악회에 갈 때의 한계효용은 처음에는 80, 두 번째는 70이라고 가정하자.
  - 동재는 4만원을 소비하면서 총 340(영화 2편 180, PC방 80, 음악회 80)의 효용을 얻었음.
  - 그런데 여기서 3가지 선택의 대안 중 마지막 소비가 가져다주는 효용은 80으로 동일함을 알 수 있음.

- 〈사례 3〉은 돈이 아닌 시간을 쓸 때의 효용 극대화란 점 외에는 〈사례 2〉와 사실상 동일한 예
  - 특정 과목을 집중적으로 공부하는 지영이보다는 과목별로 1시간(한계비용) 공부할 때마다 몇 점씩을 더 받을 수 있는지(한계효용)를 생각하며 공부하는 은영이가 더욱 시간을 효율적으로 사용하는 셈임.

- 위의 예에서와 같이 여러 가지 재화(시간, 또는 서비스)의 마지막 상품을 소비할 때 얻을 수 있는 효용, 즉 한계효용이 같아지도록 할 때 효용을 극대화할 수 있는데 이를 '한계효용균등의 법칙'이라고 함.

(4) 기업의 합리적 의사결정

- 〈사례 4〉의 경우는 기업의 합리적인 의사결정에 관한 예임.

- 여러분이 항공사 사장이라면 어떻게 하겠는가?
  - 승객 한 명을 더 태우면 추가적인 수입(한계수입)은 5만원이지만, 추가적인 비용(한계비용)은 음료수 제공 등의 기내서비스 비용 정도일 것임.
  - 따라서 당연히 태우는 것이 현명한 의사결정이라 할 수 있음.

(5) 한계의 원리와 생활의 지혜

- 우리는 일상생활 속에서 의식적이든 또는 무의식적이든 많은 경우에 한계의 원리를 적용하여 의사결정을 하고 있음.
  - 여러분도 뷔페식당에 갔을 때 자기가 특별히 좋아하는 한두 가지 음식만 계속 먹지는 않을 것임.
  - 한계효용체감의 법칙과 한계효용균등의 법칙을 몰랐지만 여러분은 본능적으로 행복을 극대화하기 위해 노력하고 있다는 증거임.

- 한계의 원리는 우리의 인생에도 그대로 적용할 수 있음.
  - 국어나 수학 한두 과목만 열심히 해서 좋은 성적을 받을 수 없듯이 인생에 있어서도 돈 외에 건강, 보람된 직장(직업), 명예, 친구, 화목한 가정 등 여러 가지가 적절히 갖추어져야만 행복을 극대화할 수 있음.
  - 이와 같이 우리는 한계적으로 생각할 수 있어야 최선의 결정을 내릴 수 있는 것임.

- 현재 주어진 상황에서 한계효용과 한계비용을 따져가면서 현명한 의사결정을 하기 바라며, 그럴 때 비로소 보다 큰 만족을 얻을 수 있을 것임.

• 문제는 '만족이나 비용을 어떻게 측정할 수 있는가'인데, 만약 그 측정자체가 불가능하다면 이론적인 한계조건이 의미를 가질 수 없을지도 모름.

참 | 고 | 자 | 료

(1) 안형순(2007), "현명한 의사결정과 한계의 원리", 한국은행 경제교육(경제기초원리), 2007. 6. 21.

(2) 차성훈(2007), "한계편익과 한계비용에 대해", 《"click" 경제교육》, 한국개발연구원, 2007. 5.

7

합리적 소비

(1) 가계의 소비행위

- 사람들은 물건을 살 때 가능한 큰 만족을 얻기 위해 노력
  - 즉 구입할 상품을 사용함으로써 얻는 만족감과 상품의 가격을 서로 비교해서 같은 값이라면 더 큰 만족을 얻을 수 있는 상품을 선택하거나, 같은 만족을 얻을 수 있다면 값이 더 싼 상품을 선택

- 여러분들도 마찬가지로 가지고 있는 용돈의 범위 안에서 여러 가지 선택 가능한 상품(예를 들어 음악CD, 피자 또는 컴퓨터 게임) 가운데에서 어느 것을 구입해야 가장 마음에 들 것인지 계산한 후에 구입
  - 물론 이러한 계산은 직접 계산기를 두드려서 나오는 것이 아니라 여러분들의 머릿속에서 자신도 의식하지 못하는 사이에 자동적으로 일어나고 있음.
  - 우리들이 만족감이나 편익, 비용, 선택과 같은 용어들에 대해 잘 모르더라도 머릿속에서는 나름대로의 계산과정을 거쳐서 가장 마음에 드는 선택을 하고 있는 것임.

- 다시 말해 경제주체의 하나인 가계는 효용을 크게 하는 방향으로 소비
  - 효용이란 상품 소비에 따라 얻어지는 만족으로 소비량이 많을수록 전체효용은 커지게 됨.
  - 그러나 소비하는 데는 돈이 들기 때문에 소비할 수 있는 상품의 양은 소득의 범위를 넘을 수가 없음.

- 결국 합리적 소비자들은 예산제약 범위 내에서 최대의 효용을 얻기 위해 여러 가지 중에서 선택하여 소비하려고 함.

(2) 합리적 소비란

- 합리적인 소비란 개인이 자신의 효용이 무엇인지를 정확히 알고 그에 맞추어 예산범위 내에서 일관성 있게 효용을 극대화하는 소비를 말함.

- 합리적인 소비방법의 하나로 계획적인 소비활동을 들 수 있음.
  - 반드시 구매계획을 세운 후에 구매함으로써 충동구매와 시간낭비를 줄이도록 해야 하며, 장기 생활설계를 통해 미래의 지출과 저축 등을 감안하여 소비를 해야 함.

- 다음으로는 가격과 품질에 근거하여 선택하여야 함.
  - 무조건 대형이나 외제를 선호하기보다는 각 개인의 생활여건과 편리성을 따져 물건을 고르고 가격과 품질, 실용성 등을 고루 비교한 후 구매하여야 함.

- 소비자단체나 신문, 잡지 등의 상품에 관한 다양한 정보들을 적극적으로 활용하는 것이 바람직

- 끝으로 생산적인 소비활동을 하여야 함.
  - 같은 지출을 하더라도 미래의 삶에 도움이 되는 소비를 함으로써 더 나은 미래를 위한 수단이 되도록 해야 함.
  - 즉 유흥비 지출과 같은 일회성 소비를 자제하고 미래의 삶의 질을 높이는 데 보탬이 되는 소비를 하도록 노력

(3) 합리적 소비의 중요성

- 외국 상류사회의 소비성향을 무조건 따라하려는 '밴드왜건 효과'로 인해 이른바 '명품'이라고 불리는 제품을 찾아다니는 소비자가 빠르게 증가하고 있는 우리 사회의 모습을 볼 수 있음.
  - 사실 '명품'을 만드는 국가에서도 우리나라처럼 이런 제품에 대해 대중적인 열풍이 부는 일은 없다고 함.

- 이런 소비행태가 사회에 널리 퍼지게 될 경우 자신의 소득에 비해 넘치는 소비를 하게 되어 신용불량 발생 등의 경제적 문제와 함께 소득 및 소비의 양극화로 인해 사회갈등의 문제까지 발생할 가능성도 있음.

- 화려하고 고급스러운 소비보다는 적절하고 합리적인 소비가 더 아름다운 모습으로 비쳐지는 사회일수록 그 사회는 건강하게 오래 유지될 수 있음.

〈표 시7-1〉 가구당 월평균 수입 및 지출 증가율

(전년동기대비, %)

	2004	2005	2006	2007
총수입	6.0	4.1	5.1	5.1
총지출	5.4	3.7	4.2	4.3
(자동차구입)	5.7	28.2	27.3	1.5
-대형차구입	-	-	121.8	27.6

자료 : 통계청 "품목별 가구당 월평균 가계수지"

(4) 비합리적이고 바람직하지 않은 소비행태

1) 밴드왜건 효과(bandwagon effect)

- 밴드왜건이란 미국의 서부개척시대에 흔히 쓰이던 운송수단인 포장마차를 말함.
  - 서부영화를 보면 포장마차는 주로 무리를 이루어 여러 명이 같이 이동을 함.
  - 그 당시에는 금광이나 신천지가 있다는 말만 믿고 무작정 다른 사람들을 따라가는 경우가 많았다고 함.

- 이 단어는 미국의 경제학자인 하비 라이벤스타인(Harvey Leibenstein)이 자신이 발표한 자료(Bandwagon, Snob, and Veblen Effects in the

Theory of Consumers' Demand, 1950년)에서 처음 사용한 데서 유래

- 밴드왜건의 무리들이 다른 사람들을 따라 이리저리 이동하는 것처럼 자신의 주관이나 기호보다는 같은 또래의 친구들이나 모임 등에서 구매하는 것을 따라하거나, 새로운 스타일이나 패션을 따라가기 위해 구매하거나, 유명 스타가 나오는 광고를 보고 구매하는 행위 등을 지칭하여 밴드왜건 현상에 의한 것이라고 함.

- 이러한 밴드왜건 효과는 '편승효과'라고도 하는데 일종의 모방 심리와도 일맥상통하며 우리의 속담 중 친구 따라 강남 가는 식의 소비성향과 유사하다고 할 수 있음.

- 유행에 민감한 젊은 여성들이나 연예인 등을 동경하는 10대 소비자들은 본인도 모르게 이러한 소비행태를 보일 가능성이 높다고 할 수 있음.

2) 스노브 효과

- 스노브 효과(snob effect)는 앞서 언급한 밴드왜건 효과와 정반대의 경우를 말함.

- 스노브(snob)는 아랫사람을 무시하고 윗사람에게 아부하는 속물을 뜻하지만, 스노브 효과라고 할 때는 '다른 사람들이 구입하는 물건은 구입하지 않고 남들과 구별될 수 있는 특이하거나 특별한 물건을 구매하고자 하는 행위'를 말함.
  - 즉 다른 사람과 구별되려고 특별한 의상을 입는다든지, 진귀한 예술품이나 희귀한 스포츠카를 소유하고자 하는 행위를 지칭

- 다른 말로는 백로효과(白鷺效果) 또는 속물효과라고도 하는데 혼자서 고고하고 우아한 척하는 백로와 비슷하다는 의미와 속물근성에서 비롯된 것이라는 의미에서 붙여진 말

- 스노브 효과 역시 하비 라이벤스타인(Harvey Leibenstein)이 위에 언급한 자료를 작성하면서 처음 사용한 용어로, 그는 이러한 행위를 하는 소비

자는 제품을 구매할 때 남과 다른 자신만의 개성을 추구하는 방식으로 의사결정을 내리기 때문에 다른 사람들이 많이 사용할수록 구매 의사가 줄어드는 현상이 있다고 하였음.

- 스노브 효과와 같은 소비행태를 갖고 있는 사람의 경우 사치스러운 소비를 하는 것으로 보이기도 하지만, 다른 한편으로는 자신만의 개성이나 새로움에 대한 추구 등으로 인생을 보다 아름답고 풍요롭게 살아가려고 노력하는 사람들일 수도 있음.

3) 베블런 효과(Veblen effect)

- 미국의 사회학자이자 사회평론가인 베블런(Thorstein Bunde Veblen)이 1899년 출간한 저서 《유한계급론(有閑階級論)》에서 처음 사용한 개념
  - 그는 이 책을 통해 물질만능주의를 비판하면서 상류층 사람들은 자신의 성공을 과시하고 허영심을 만족시키기 위해 사치를 일삼는다고 꼬집었음.

- 우리가 베블런 효과라고 할 때는 가격이 오르는데도 수요가 줄어들지 않고 오히려 증가하는 현상을 말함.
  - 이는 주로 상류층 소비자들에 의해 이루어지는 소비행태로 값비싼 귀금속류나 고급 자동차, 고가의 주택 등은 경제상황이 악화되어도 수요가 줄어들지 않는 실례에서 찾아 볼 수 있음.
  - 이러한 소비가 발생하는 이유는 필요에 의해서 구입하는 사람도 일부 있지만, 단지 자신의 부를 과시하거나 허영심을 채우기 위해 구입하는 사람들이 많기 때문
  - 이처럼 과시욕이나 허영심을 채우기 위해 고가의 물품을 구입하는 사람들의 경우 상품의 값이 떨어지면 구매를 꺼리는 경향이 있음.

- 이는 '과시효과'라고도 할 수 있는데 스노브 효과가 다른 사람들의 구매 여부에 따라 나의 구매행위가 영향을 받는 것인 데 비해 베블런 효과는 상품의 가격에 의해 영향을 받는 점이 다르다고 할 수 있음.

4) 디드로 효과(Diderot effect)

- 하나의 상품을 구입함으로써 연속적으로 연관된 제품을 구입하게 되는 현상을 말함.
  - 누구나 한번쯤은 가족들과의 백화점 주말나들이에서 충동구매를 해 본 적이 있을 것임.
  - 겨울에 입을 외투를 하나 사러갔다가 외투와 함께 어울릴 만한 바지를 구입하고, 이어서 안에 받쳐 입을 스웨터에 구두까지 구입하게 됨.

- 디드로 효과는 18세기 프랑스 철학자 디드로가 쓴 '나의 옛 실내복과 헤어진 것에 대한 유감'이란 수필집에서 유래된 것으로 어느 날 친구에게서 서재용 가운을 선물 받은 디드로가 집안 주변의 것들이 새 가운과 어울리지 않는다는 생각에 책상과 책장, 커튼 등을 차례로 바꾸다가 결국은 온 방 전체를 바꾸게 되었다는 것임.

- 디드로 효과가 나타나는 이유
  - 먼저 상품 사이에 정서적 · 심미적 동질성이 존재하기 때문인데, 와이셔츠를 구입할 때 보통 어울리는 넥타이도 함께 구입하여 그 와이셔츠를 입을 땐 대부분 그 넥타이를 매려고 함.
  - 다음으로 외부로부터 관찰 가능성이 높은 품목일수록 디드로 효과는 크게 나타나는바, 구체적으로 옷이나 잡화에서 디드로 효과가 많이 나타나게 되는데 몇 년에 한 번 멋진 양복을 한 벌 구입했는데 색 바랜 낡은 구두를 바꾸지 않을 수 있을까? 당장 "옷은 멋진데 구두는 왜 그래?"라는 주위의 반응을 겪게 될 것임.
  - 끝으로 그 제품이 소비자가 중시하는 가치를 반영할수록 디드로 효과는 강하게 나타나는데, 집안의 인테리어를 중시하는 가정주부의 경우 거실 소파를 바꾸면 거실 커튼이며, 장식장도 바꾸게 될 것임. 즉 소비자가 좋아하고 관심을 가진 제품에서 이러한 효과는 강하게 나타나게 되는 것임.

- 디드로는 물건을 교체함으로써 집안은 화려해졌지만 자신은 오히려 우울해졌다고 함.

■ 최대의 효용을 얻을 수 있는 소비방법

- 경제학적인 측면에서 한정된 수입을 가장 효율적으로 사용하면서 최대의 효용(만족)을 얻을 수 있는 방법은 우리가 소비하는 각 물품의 한계효용을 그 물품의 가격으로 나눈 비율이 각각 같아야 한다는 것임.

- 여기에서 한계효용이란 물품을 한 단위 더 소비할 때 얻을 수 있는 추가적인 효용을 의미

- 구체적 예
  - 설명의 편의를 위해 한은이는 450원의 용돈으로 빵과 사과 두 가지를 소비하고 있으며 각 품목의 가격과 한계효용은 다음과 같다고 가정하자.

빵(100원)	1	2	3	4	계
한계효용	200	180	150	100	630

사과(50원)	1	2	3	4	5	계
한계효용	90	85	75	60	40	350

  - 즉 한은이는 빵을 한 개 소비할 때 200, 두 개째는 180, 세 개째는 150, 네 개째는 100의 한계효용을 가지고 있으며, 사과의 경우 한 개 소비할 때 90, 두 개째는 85, 세 개째는 75, 네 개째는 60, 다섯 개째는 40의 한계효용을 가지고 있다고 하자.
  - 현재 한은이가 빵 3개와 사과 3개를 소비하고 있으며, 총효용은 빵의 530과 사과의 250을 더한 780임.
  - 그리고 빵의 한계효용/비용의 비율은 150/100=1.5, 사과의 한계효용/비용의 비율은 75/50=1.5로 같음.

• 이제 빵의 소비를 한 단위 더 늘리거나 줄였을 경우와 비교해 보기로 하자.
• 먼저 용돈 450원 내에서 빵을 한 단위 더 소비할 경우 사과를 2개 줄여야 하므로 빵 4개, 사과 1개를 소비하게 되지만 총효용은 720(빵 630+사과 90)으로 현재보다 줄어듦.
• 반대로 빵의 소비를 한 단위 줄였을 경우 사과를 2개 더 소비할 수 있으므로 빵 2개, 사과 5개를 소비하게 되지만 총효용은 730(빵 380+사과 350)으로 역시 현재보다 감소
• 따라서 빵과 사과의 한계효용/비용의 비율이 같을 경우 빵이나 사과의 소비를 늘리거나 줄여서 더 이상 효용을 증가시킬 수 없으므로 최대 효용수준에 도달하게 되는 것임.

▣ 가계소비의 자산효과

- 최근 주가급등과 가계의 주식투자 확대 등으로 가계자산 중 주식 비중이 크게 높아졌으며 또한 주택가격이 몇 년 동안 큰 폭의 오름세를 지속하면서 주택자산의 가치도 큰 폭으로 상승하였음.

- 이러한 자산가치의 상승은 부의 효과를 통해 소비를 증대시키고 경기를 활성화시키는 요인이 됨.

- 한국은행의 분석에 따르면 우리나라 가계의 자산형태별 한계소비성향은 주식자산이 0.05, 주택자산이 0.02로 추정
  • 이는 주식 및 주택의 자산가치가 각각 1,000만원 증가할 경우 가계소비가 각각 50만원, 20만원 증가함을 의미
  • 미국의 경우 주식자산에 대한 한계소비성향이 0.05 내외, 주택자산이 0.10~0.15인 것과 비교하면 주식자산에 대한 한계소비성향은 비슷하지만 주택자산은 크게 낮음.
  • 주택자산에 대한 한계소비성향이 낮은 것은 우리나라 가계의 높은 주택상속 경향, 낮은 자가 보유율 및 가계부채 급증을 동반한 주택가격 상승 등에 기인

- 한편 주가변동이 전체 소비에 미치는 영향을 살펴보면 우리나라는 주가 10% 상승 시 가계소비가 0.3% 정도 증가하여 미국(1.2%)보다 소비파급 효과가 매우 작은 것으로 나타났음.
  - 이는 우리나라 가계 총자산에서 주식이 차지하는 비중이 여전히 낮은데 기인
  - 2006년 말 현재 우리나라 가계의 금융자산 비중과 금융자산 중 주식의 비중은 각각 20.4%, 19.4%로 미국(61.1%, 42.3%)에 비해 현저히 낮은 실정

- 최근 자산운용사의 펀드 수신규모가 은행 정기예금 규모를 초과하는 등 가계의 주식자산 비중이 빠르게 상승하고 있고 주식 저평가 해소 등으로 금융자산 축적도도 높아지고 있음에 따라 주가변동이 소비의 자산효과를 통해 실물경제에 미치는 영향도 더욱 커질 것으로 예상

▣ 가계부채

1) 증가요인

- 우리나라 가계 빚이 크게 늘어난 것은 긴급한 사유로 돈을 빌린 것보다는 아파트 값이 많이 오르면서 더 오르기 전에 아파트를 구입하기 위해 부족한 돈을 금융기관에서 빌리는 사람이 많아졌기 때문
  - 예전에는 이자율이 높아 금융기관에서 돈 빌리는 것을 꺼려했지만 이자율이 많이 낮아지게 되자 가계가 금융기관으로부터 쉽게 돈을 빌리게 되었음.
  - 다시 말해 금융기관에 지급하는 이자보다 집값이 더 많이 오를 것으로 기대하고 재산을 늘리기 위해 금융기관에서 돈을 빌려 아파트를 구입
  - 금융기관들도 기업에 자금을 빌려주는 것보다 돈 떼일 위험이 적고 이자를 많이 받을 수 있는 가계에 돈을 우선적으로 빌려주고 있는 것도 가계 빚이 크게 늘어난 요인

2) 가계의 채무상환능력

- 일반적으로 가계가 1년 동안 벌어들인 소득으로 금융기관에서 빌린 빚을 얼마나 잘 상환할 수 있는지는 개인이 사용 가능한 소득에 대한 금융기관 부채 잔액의 비율을 계산하여 알아볼 수 있는데, 우리나라 가계의 개인처분가능소득 대비 금융부채 잔액의 비율은 2006년 말 기준으로 100%를 넘어선 139.6%를 기록하고 있으며 이러한 수치는 꾸준히 높아지고 있음.
  - 비율이 100%를 넘어서면 가계의 소득보다 금융기관에 진 빚이 더 많다는 것을 의미

- 우리나라 가계가 매우 많은 빚을 지고 있는 셈인데, 더욱 좋지 않은 것은 우리나라 가계의 채무상환능력이 갈수록 더 떨어지고 있다는 점임.
  - 이처럼 채무상환능력이 떨어지고 있는 것은 우리나라 가계의 소득은 조금씩 늘어나고 있는 데 비해 가계가 금융기관에서 빌린 돈은 그 보다 더 크게 늘어나고 있기 때문

3) 가계부채 증가의 부작용

- 가계 빚이 소득보다 크게 증가하면 소득이 적은 가계를 중심으로 신용불량자가 늘어나고 이런 사람들이 금융기관에 원금과 이자를 제때 갚지 못하면 금융기관이 제 역할을 하지 못하게 되고 결국 우리 경제에 나쁜 영향을 미치게 됨.

- 또한 금융기관 빚을 많이 지고 있는 가계는 이자를 갚기 위해 필요한 물건을 제대로 구입할 수 없게 되고 이런 가계가 많으면 기업들이 물건을 팔 수 없게 되고 이는 종업원들의 임금 감소로 이어져 소비가 더욱 줄어드는 결과를 낳게 됨.

- 정부와 연구기관들은 우리나라가 경제성장을 하는 데 있어 가장 큰 걸림돌 중의 하나로 가계 빚의 가파른 증가와 그에 따른 소비감소를 들고 있음.

- 따라서 가계에서는 돈이 필요할 경우 자신의 소득에 맞게 금융기관으로부터 돈을 빌리고 소득에 맞추어 소비하는 지혜가 필요

참 | 고 | 자 | 료

(1) 김영진(2007), "합리적인 소비란 무엇인가", 한국은행 경제교육(시사경제), 한국은행 경남본부, 2007. 7. 9.

(2) 윤태길(2007), "합리적인 소비", 한국은행 경제교육(시사경제), 한국은행 부산본부, 2007. 1. 12.

(3) 이재모(2008), "우리들은 얼마나 합리적으로 소비를 하고 있을까요?", 한국은행 경제교육(풀어 쓴 생활경제), 한국은행 부산본부, 2008. 12. 8.

(4) 김영진(2008), "디드로 효과(Diderot effect)", 한국은행 경제교육(시사경제), 한국은행 대구경북본부, 2008. 1. 2.

(5) 한국은행(2007), "가계소비의 자산효과", 한국은행 경제교육(시사경제), 한국은행 광주전남본부, 2007. 12. 26.

(6) 방만승(2007), "가계 빚과 채무상환능력", 한국은행 경제교육(시사경제), 한국은행 부산본부, 2007. 1. 6.

8

개인의 합리적 신용관리 방안

(1) 신용의 중요성

- 신용정보란 개인의 신용거래 기록을 모아서 생성되는 정보를 말하는데, 개인 신용거래의 역사라고 할 수 있음.

- 개인의 신용거래 내역 및 관련 정보는 일정한 흐름에 의해서 수집, 가공, 활용됨.

- 은행, 카드사, 보험사, 캐피탈 등 금융회사의 모든 금융거래 정보와 공공정보인 국세체납, 법원의 채무불이행 정보는 공적 신용정보 집중기관인 전국은행연합회에 집중되고, 그 외 휴대폰 · 전화 · 인터넷 등의 통신요금 연체, 대부업체 이용정보, 백화점 카드, 일반 기업체 등 일반 상거래로 일어나는 연체정보는 개인 신용을 평가하는 회사인 사적 신용정보 집중기관인 CB(Credit Bureau)사에 집중됨.
  - CB사는 전국은행연합회의 정보와 자체에서 수집한 상거래상 정보를 자체 신용평가시스템을 이용하여 데이터를 가공하고 신용성적표, 즉 신용리포터를 만들어 이를 필요로 하는 금융회사나 기관, 개인 등에게 제공함.
  - 금융회사는 이를 토대로 대출 · 카드발급 가능 여부, 한도, 금리 등을 결정하게 됨.

- 따라서 향후 금융거래의 불이익을 받지 않기 위해서는 평소 소득 범위 내에서 연체하지 않는 습관, 즉 좋은 신용사용 습관이 중요함.

- 이미 신용은 우리 생활에 깊숙하게 자리 잡고 있음.[115)]

- 대부분 신용을 신용카드 · 대출 등에만 한정하여 생각하는데, 가정에서 사용하는 수도 · 가스 · 전기 · 전화(휴대폰, 인터넷 포함) 등도 신용을 사용하는 대표적인 수단임.
  - 공통적인 특징이 먼저 돈을 내고 쓰는 것이 아니라 신용으로 먼저 사용하고 한 달 후에 신용을 사용한 대가만큼 결제를 한다는 것임.

- 외국에서는 개인 간에 돈거래를 할 때에도 개인의 신용성적표를 요구하는 곳이 있는 만큼, 앞으로는 모든 곳에서 신용성적표가 필요하다고 생각해도 무방할 것임.

(2) 신용등급

- 신용등급은 1등급에서 10등급까지 나뉘는데, 1등급이 신용도가 가장 좋으며, 신용평점은 0점부터 1,000점으로 구분되고 1,000점이 신용도가 가장 좋음.
  - CB사마다 수집하는 개인정보와 신용을 평가하는 기준이 다소 상이해 개인의 신용성적은 회사별로 약간의 차이가 있음.

- 우리나라 경제활동인구가 2008년 기준으로 약 3,500여 만 명이라고 보았을 때 정상적인 금융거래가 어려운, 신용등급으로는 7등급 이하가 약 720여 만 명이나 되고, 대부분 일반인들의 신용등급이 4~6등급 사이라고 하니 좋은 신용성적을 받는다는 것이 얼마나 어려운지를 알 수 있음.

(3) 신용 관리 및 신용등급을 올리는 방법

- 신용도가 나쁨으로 인해 사회적 · 경제적 불이익을 받는 경우가 다방면

115) 결혼정보회사에서도 개인의 신용성적표를 요구하고, 보험회사에서도 신용성적에 따라 보험가입을 제한하려는 움직임이 나타나고 있음. 또한 취업이나 자영업 등에서도 개인의 신용이 중요한 요소가 되고 있고, 외국여행을 하려고 할 때 비자발급에 문제가 생길 수도 있으며, 일부 나라에서는 신용성적에 따라 이민을 제한하기도 함.

에서 점차 많아지고 있으므로 평상시 미리미리 신용을 관리하는 습관을 갖는 것이 중요

1) 신용을 관리하고 신용등급을 올리는 방법

- 첫째, 주거래 은행을 만들어 거래실적을 많이 올릴 것
  - 개인의 신용을 평가할 때 해당 은행과의 거래실적이 중요하게 반영되기 때문
  - 따라서 신용카드 대금결제, 급여이체, 공과금 이체 등 금융거래를 한 군데 금융회사로 집중하는 것이 바람직

- 둘째, 신용조회는 가급적 하지 않을 것
  - 불필요한 신용조회가 많아질수록 대출이나 카드발급이 거절되거나 신용등급이 낮아질 수 있음.
  - 특히 카드발급, 대출가능(인터넷 대출 포함) 여부 조회 등의 활동은 실제 거래가 일어나지 않더라도 신용정보상 기록으로 남게 되는데, 이런 경우 채무상환 등 금융거래에 많은 문제가 발생했다는 통계적 결과치가 있기 때문임.
  - 그러나 개인 신용관리 차원에서 전국은행연합회나 CB사 등을 통한 자신의 신용조회 기록을 점검하는 경우에는 신용상의 불이익을 받지 않음.

- 셋째, 신용카드의 현금서비스는 반드시 필요한 때만 이용할 것
  - 급전의 필요 여부 등은 CB사들로 하여금 고객이 절박한 상황에 있는 것으로 오인하게 만들며, 실제 이로 인한 부실 가능성도 높아지기 때문임.

- 넷째, 신용카드는 자신에게 맞는 것을 골라 한 장만 사용하고 불필요한 카드는 반드시 해지(탈회)할 것
  - 꼭 필요한 카드 한두 장만 거래해 실적을 높이고 대금을 잘 변제해 해당 카드사로부터 우량고객으로 평가받게 되면, 유리한 조건으로 대

출을 받거나 카드한도가 증가하고 개인 신용등급이 올라가는 등 다양한 이점이 있음.

- 다섯째, 자동이체를 최대한 이용할 것
  - 각종 공과금 및 통신요금 등은 자동이체를 이용해야 부주의에 의한 연체를 방지할 수 있음.
  - 또한 주거래 은행은 자동이체 고객을 선호하므로 신용 평점도 올릴 수 있음.
  - 주의할 점은 통장에 잔액이 없을 경우 연체될 수 있으므로 통장 잔액을 확인하는 것을 잊지 말아야 함.

- 여섯째, 연체는 단 하루도 하지 않을 것
  - 일정금액 이상의 연체정보는 금융회사가 서로 공유하기 때문에 연체 시 불이익을 받을 수 있고, 연체기간이 짧더라도 연체기록이 쌓여 개인의 신용등급이 낮아지게 되므로 연체를 하지 않는 것이 무엇보다 중요

- 일곱째, 보증도 채무이므로 자신이 변제할 수 있는 범위 내에서만 보증을 서고 능력 밖의 보증은 과감히 거절할 것
  - 2008년 7월 1일 기준으로 제1금융권의 가계대출에 대한 개인연대보증제도가 폐지되었으나 제2금융권은 연대보증제도가 유지되고 있으며, 본인의 신용대출한도에서 보증을 선 금액만큼 신용대출한도가 감소하게 됨.
  - 따라서 되도록이면 보증을 서지 않는 것이 좋으며, 이미 보증을 섰다면 보증기간을 체크해 두었다가 기간만료 시 본인 허락 없이 연장되지 않도록 특별히 관리해야 함.

- 여덟째, 개인 연락처나 주소지가 변경되면 해당 금융회사에 반드시 통보할 것
  - 이사 시 청구서가 전 주소지로 통보되어 청구서를 받지 못한 경우 이로 인한 연체로 채무불이행 정보가 등록될 수도 있음.

• 따라서 매일 사용·확인하는 이메일 등으로 변경해 이와 같은 불이익을 받지 않도록 유의해야 함.

- 아홉째, 자신의 신용정보를 정기적으로 확인할 것
  • 자신도 모르는 사이 금융회사 등에서 본인의 신용조회를 하지 않았는지, 명의도용이 이루어지지 않았는지를 체크해야 하는데, 이는 신용조회 거래내역이 많으면 신용등급이 낮아질 수도 있기 때문임.
  • 특히 명의도용의 경우 더욱 더 다양하고 지능적인 수법으로 일어남에 따라 완전하게 예방할 수는 없어도 자신의 신용정보를 정기적으로 확인함으로써 이로 인한 후속조치가 빨리 이루어질 수 있음.

- 끝으로 자신의 소득범위 내에서만 지출하고 계획적인 소비생활을 할 것
  • 금융채무불이행자의 특징을 보면 내 자산범위보다 더 많은 지출을 했다는 것임.
  • 절약하는 것이 기본이요, 현명하고 계획적인 소비생활만이 빚으로부터 멀어지는 길임.

(4) 신용회복제도

1) 신용에 빨간불이 들어오면 어떻게 해야 할까?

- 많은 사람들이 신용회복제도를 제대로 알지 못해 이용하지 못하고 있는데, 불가피한 사정으로 연체 시 몇 가지만 알아도 대처방안이 될 수 있음.

2) 대처방안

- 우선 상식에서 벗어난 조건의 대출은 무조건 피할 것
  • 사채업자를 통해 고리의 대출을 받아 빚을 갚거나, 명의를 빌려 대출을 받는 행위는 위험을 자초하는 행위임.
  • 결국 빚이 더 늘어나게 됨.

- 둘째 신용카드나 대출서류, 비밀번호 등을 함부로 제공하거나 알려주지 않을 것
  - 이 경우 불법대출이나 카드사용 등으로 인해 자신이 신용상의 피해를 입을 수 있으므로 특별히 주의해야 함.

- 셋째 과도한 신용사용으로 어려움에 처했을 때 최대한 빨리 도움을 받을 수 있는 곳을 찾을 것
  - 은행의 대출이나 카드사용 후 제때 갚지 못한 채무로 인해 신용상의 어려움에 처하였을 때에는 신용회복위원회나 법원에서 운영 중인 채무자구제제도 등을 고려해 볼 수 있음.
  - 특히 신용회복위원회는 전국 21개 지부 · 상담소를 운영하고 있으며, 개인별 상담을 통해 채무자의 현재 상황을 진단하고 채무자 각각의 사정을 고려하여 상환할 수 있도록 많은 도움을 주고 있음.

참 | 고 | 자 | 료

(1) 신중호(2008), "개인 신용관리와 부채해결 방법", 《"click" 경제교육》, 한국개발연구원, 2008. 12.

9

기업의 역할

(1) 경제주체

- 소비나 생산 등의 경제활동을 하는 사람들을 경제주체라고 함.
- 생산과 소비는 모든 경제주체가 하고 있지만 그중 소비는 주로 가계에 의해, 그리고 생산은 주로 기업에 의해 이루어진다고 할 수 있음.
- 한편 정부는 세금을 거두어들이고 이를 재원으로 민간이 하기 어려운 다양한 경제활동을 하는 경제주체임.
- 또한 세계가 하나의 지구촌화 되면서 국가 간 거래가 밀접하게 이루어짐에 따라 해외부문 전체를 별도의 한 경제주체로 분류하기도 함.
- 따라서 시장경제라는 운동장에는 가계, 기업, 정부, 해외의 4인방이 선수로 뛰고 있다고 말할 수 있음.

〈표 시9-1〉 경제주체(가계, 기업, 정부, 해외)

국 내		해외부문	
〈민간〉	〈공공〉	〈민간〉	〈공공〉
가계 (소비를 통한 효용극대화) 기업 (생산을 통한 이윤극대화)	정부 (사회 전체의 후생극대화)	가계 기업	정부

(2) 생산의 의미

- 생산이란 흔히 공장에서 안전모를 쓰고 여러 가지 물건을 만들어 내는 것만 생각하기 쉬우나 사실은 농부가 농산물을 생산하거나 택배업체가 상품을 배달하는 행위도 모두 생산활동이라 할 수 있음.

- 요즘 일본이나 중국에 우리나라의 인기 있는 연예인들이 진출하여 활발한 활동을 하고 있는데 이들이 소속된 엔터테인먼트 기획회사도 여러 천연자원이나 노동, 자본 등의 생산요소를 이용하여 제품이나 서비스를 생산하는 회사와 다를 바가 없다고 할 수 있음.

- 결국 생산(production)이란 물적 · 인적 환경에 작용하여 생활의 자료를 창출하는 활동을 말하는데, 이때 생활의 자료란 단지 유형의 물재(物財)만이 아니고 교통 · 의료 · 오락 등의 무형의 용역도 포함
  - 광의의 생산에는 고립적이고 자급자족적인 생산활동 또는 가정주부의 가사노동과 예술가의 창작활동도 포함되지만, 협의로는 교환과 거래의 대상이 되는 재화와 용역을 창출하는 활동을 생산으로 봄.
  - 경제학의 관심대상이 되는 생산은 보통 협의의 생산을 가리킴.

(3) 기업과 기업가

- 기업은 생산활동을 전문으로 하는 조직체

- 기업가는 애국자
  - 과거 우리나라가 주권을 잃었던 시절 국가의 주권을 되찾기 위해 노력하던 독립투사와 세계시장을 무대로 열심히 사업을 하는 기업가는 그 처지나 방법이 다를 뿐 똑같은 애국자임.

(4) 기업의 역할

- 기업은 우리가 필요로 하는 상품이나 서비스를 생산하여 공급하는 동시

에 우리가 살아가는 데 필요한 일자리를 제공하고 국가경제가 성장하는 데 엔진 역할을 담당한다고 할 수 있음.

- 한국전쟁 직후인 1955년 당시 제조업체 수는 약 8,600개에 불과했으나 지금은 11만개가 넘고 종업원 수도 22만명에서 270만명 이상으로 12배 이상 증가
- 반도체나 휴대폰 등의 정보통신(IT) 산업은 물론 자동차, 철강, 조선 등의 중공업에서도 우리나라 기업들이 세계시장에서 강자의 위치를 지키며 국가경제 발전의 견인차 역할을 담당하고 있음.

- 한편 우리나라에는 우리나라 기업만 있는 것이 아니고 세계 여러 나라에서 생산과 판매를 하는 다국적기업도 활동하고 있음.

- 또한 국내 기업들도 해외에서 생산과 판매활동을 계속 늘려가고 있음.

- 따라서 국민들에게 많은 일자리를 제공하기 위해서는 기업들이 사업하기 좋은 환경을 만드는 것이 매우 중요

(5) 기업의 목표와 기업윤리

- 기업의 목표는 이윤을 가급적 많이 내려고 하는 것임.
  - 이윤이란 제품을 팔아서 생긴 수입에서 그 제품을 만드는 데 들어간 비용을 뺀 것을 말함.
  - 소비자의 목적이 소비를 통해 만족(효용)을 극대화하는 것이라면 기업의 존재 이유는 이윤 극대화라고 할 수 있음.
  - 어떤 사람들은 기업이 이윤을 내는 데만 몰두한다면 문제가 되지 않겠는가 하고 말하기도 하지만, 기업이 손실을 내고 일자리를 제공하지 못한다면 그 책임을 다했다고 할 수 없을 것임.

- 물론 기업이 이윤을 추구하는 과정에서 기업가는 정당하고 합법적인 방법으로 기업활동을 하도록 노력해야만 할 것임.

(6) 기업가정신

- 탐험가가 자연에 대한 끝없는 도전자라면 기업가는 미래의 불확실성에 대한 도전자이며 사회와 경제의 발전을 위한 전사라고 할 수 있음.

- 이와 같이 혁신이나 창의성과 함께 위험을 무릅쓰는 모험정신을 기업가정신(entrepreneurship)이라고 함.
  - 현대그룹 창업자인 정주영 회장은 '하면 된다'는 적극적 의지를 바탕으로 우리나라 경제의 고도성장에 큰 기여를 하였음.
  - 또한 세계 제일의 부자라는 빌 게이츠(William H. Gates)는 다니던 하버드대학을 그만두고 마이크로소프트라는 회사를 설립하여 모든 사람이 집에서 개인용 컴퓨터를 이용할 수 있도록 하는 소프트웨어를 개발하였음.
  - 이와 같이 기업가들은 자신의 이익을 극대화하기 위해 기술개발을 주도하고 위험한 일에 도전

- 이러한 기업가정신이 없으면 기업의 이윤도 국가의 경제발전도 어렵다는 것을 생각하면 기업가정신을 북돋우고 존중하는 풍토가 매우 중요

(7) 기업의 경영현황 및 향후 과제

- 우리나라 기업들의 최근 경영실적을 보면 기업들의 체질이 많이 향상되고 수익성도 주요 선진국보다 높은 수준을 보이고 있음.
  - 이것은 지난 1997년 말의 IMF 외환위기 이후 기업들이 재무구조 개선과 경쟁력 강화에 노력한 결과
  - 기업들의 재무구조 안정성을 나타내는 경영지표인 부채비율(부채/자기자본)도 일본이나 미국보다도 낮은 100% 내외로 상당히 양호한 수준

- 그러나 기업의 미래 경쟁력을 좌우할 수 있는 설비투자나 연구개발투자는 여전히 부진한 상황이기 때문에 신기술을 개발하고 경영효율을 높여 어떠한 경제환경에서도 경쟁력을 가질 수 있도록 노력하여야 할 것임.

- 또한 최근에는 기업경영의 투명성이나 사회공헌 또는 윤리경영에 대한 국민들의 기대도 커지고 있음.
  - 경쟁력 있고 국민들로부터도 신뢰받는 기업이 되도록 노력하여야 할 것임.

참 | 고 | 자 | 료

(1) 안형순(2007), "시장경제의 주역인 기업의 역할", 한국은행 경제교육(경제기초원리), 2007. 5. 3.

10
담합의 경제학

(1) 담합이란

- 기업들끼리 서로 합의하여 가격을 일방적으로 정하는 경우가 발생하는데 이를 담합행위라고 함.
  • 시장에서 경쟁을 통해 공정한 가격이 결정되도록 하는 대신, 몇 개 기업이 물건의 가격을 동시에 올려 판매함으로써 더 많은 이익을 얻으려 하는 것임.

- 예전에 정부는 정유회사들이 담합행위를 해서 유류의 판매가격을 공동으로 올린 사실을 발견하고 그 회사들에게 벌금을 부과하였으며, 어떤 기업들은 자신들이 담합행위를 했다고 자진신고하기도 함.

(2) 가격 결정 방식

- 시장이란 사람들이 물건을 사고팔기 위해 만들어진 공간

- 흔히 재래시장과 같이 많은 가게들이 모여 있는 곳들만 시장이라 생각하기 싶지만, 주식시장이나 인터넷 쇼핑몰도 시장이라 할 수 있음.
  • 사람들이 멀리 떨어져 있는 상태에서도 인터넷이나 전화를 이용하여 물건을 사거나 팔 수 있기 때문

- 가격은 바로 이러한 시장에서 결정됨.
  • 흔히 "가격은 수요와 공급에 의해 결정된다"라고 말함.
  • 시장은 이러한 소비자(=수요)와 생산자(=공급)가 만나서 자신의 가격을 제시할 수 있는 공간이며, 소비자와 생산자 양쪽 모두가 만족할

수 있는 수준에서 물건의 가격을 결정할 수 있게 도와줌.

(3) 공정경쟁의 이익

- 시장이 존재하기 때문에 기업들은 돈을 많이 벌기 위해 마음대로 제품의 가격을 올릴 수 없음.
  - 시장에는 비슷한 제품을 판매하는 수많은 기업들이 있어 어느 한 기업이 너무 높은 가격으로 물건을 팔려고 한다면 하나도 팔지 못하게 됨.

- 예를 들어 많은 기업이 비슷한 옷을 1만원에 팔고 있는데, 한 기업만 2만원에 팔려고 한다면 그 기업은 옷을 팔 수 있을까? 그런 일은 아마 없을 것임.

- 그러면 기업은 어떻게 해야 많은 이익을 남길 수 있을까?
  - 해답은 다른 기업들보다 질은 더 좋고 값은 더 싸게 물건을 만들어서 많은 소비자들이 그 물건을 사게끔 하는 것임.
  - 그래서 요즘 모든 기업들은 기술개발을 위해 많은 돈을 투자하고 고객들에게 친절한 서비스를 제공하기 위해 노력하고 있음.
  - 이러한 행동들 모두가 다른 기업들과의 경쟁에 이기기 위한 것임.

- 이와 같이 기업들의 공정한 경쟁은 우리들에게 많은 이익을 주고 나아가 우리 경제가 발전해 나가는 원동력이 됨.
  - 기업들이 경쟁하는 과정에서 시장에는 예전보다 더 좋은 물건이 등장하게 되고 물건들의 값도 싸지게 됨.

- 결국 우리는 기업들의 공정한 경쟁 덕분에 적은 비용으로 더 좋은 물건을 살 수 있는 혜택을 누리게 되는 것이며, 우리나라의 제품들이 더 좋아지게 되면 다른 나라에 더 많이 수출할 수 있으니 우리나라의 경제에도 도움이 되는 것임.

(4) 담합은 소비자 피해 유발

1) 담합의 유혹

- 기업들은 종종 담합(카르텔)이라는 유혹에 빠짐.
  - 경쟁이 체질적으로 싫기 때문
  - 동종 업체들끼리 뭉쳐서 경쟁을 자제하고 가격을 공동 인상한다면 업체들은 조용히 이윤을 챙길 수 있게 됨.
- 기업들이 치열한 경쟁에서 살아남으려면 지속적인 원가절감 노력을 통해 가격을 낮추고 대대적인 마케팅 전쟁을 벌여야 함.
- 경쟁의 비용은 기업이 부담하지만 경쟁의 열매는 소비자에게 돌아감.
  - 그래서 경쟁을 해치는 담합은 시장경제 제1의 적으로 불림.

2) 담합의 폐해

- 담합을 통해 경쟁 사업자들은 상호경쟁을 억제하고 독점이윤을 추구함으로써 시장가격 상승을 초래함.
  - 따라서 소비자들은 업체들의 담합으로 인해 더 높은 가격을 지불해야 하고, 일부 소비자들은 높은 가격 때문에 구매량을 축소하거나 구매 자체를 포기하게 됨.
- 담합으로 인한 가격 상승과 소비자 후생 감소는 경쟁과 가격메커니즘을 통해 효율성을 추구하는 시장경제의 기본 작동원리에 중대한 도전임.
  - 담합한 사업자들은 품질이나 생산기술 향상 노력을 소홀히 하게 됨.
- 결국 이윤이라는 사익을 추구하는 기업들의 행위가 궁극적으로 사회후생을 극대화시킨다는 경제학 이론은 기업들이 가격이나 품질 경쟁을 통해서 이윤을 극대화시킨다는 근본적인 가정을 전제로 한 것임.
- 가격이나 품질 경쟁이 아닌, 사회후생의 감소를 야기하는 부당한 수단

을 통한 기업의 이윤추구 행위는 시장경제체제에서 정당화될 수 없을 뿐 아니라 시장경제체제의 원활한 작동에 중대한 도전이 됨.

(5) 담합은 '제1의 적'

- 공정거래위원회가 시장지배적 사업자의 지위 남용이나 독과점 횡포 · 내부거래 등 다른 불공정거래 행위보다 담합을 더 나쁜 행위로 인식하고 카르텔 근절에 경쟁법 집행의 1순위를 부여하는 것도 앞서 언급한 담합의 폐해 때문임.

- 세계 각국의 경쟁 당국은 담합행위에 대한 규제를 가장 중요한 과제로 인식하고 있음.

- 미국 법원들은 경쟁정책의 공적 1호(Supreme Evil)로 규정하고 있고, 담합행위는 중죄(felony)로 취급

- 경제협력개발기구(OECD) 권고에서도 담합을 가장 죄질이 나쁜 경쟁법 위반행위로 규정
  - 가격을 공동으로 결정하는 행위뿐만 아니라 상품의 판매조건 등의 공동결정, 상품의 생산 · 출고 등의 제한, 거래지역 · 거래상대방의 제한, 상품 종류 · 규격 등의 제한, 공동회사 설립, 사업활동 제한 등도 담합으로 분류
  - 이 가운데 가격조절 행위가 담합 적발 사례의 대부분(75.4%)을 차지

(6) 소비자 피해만큼 과징금 부과

- 담합행위의 시정조치 일환으로 과징금이 부과되기도 하는데 과징금은 원칙적으로 소비자 피해를 금전적으로 산출해 구해짐.

- 실제로 소비자 폐해금액을 정확히 산출하기 위해서는 많은 정보를 필요로 함.
  - 즉 담합이 없는 상황에서의 경쟁가격, 담합가격과 경쟁가격 사이의

가격변동에 따른 수요 변화 등과 같은 정보가 필요하며, 이러한 가상 상황에서의 가격 및 수요 정보는 관측되는 것이 아니므로 많은 통계 자료를 이용해 추정되어야 함.

- 그러나 현실적으로 이러한 풍부한 자료를 가용하지 않는 사례가 흔하므로 흔히 활용 가능한 단순한 방식으로 소비자 폐해금액이 산정되고, 이러한 산정방식을 둘러싸고 많은 논란이 있을 수 있음.

- 현재 공정거래법에는 과징금의 상한으로 관련 매출액의 10%를 설정하고 있음.

(7) 담합 적발 크게 늘어

- 공정거래위원회는 2007년 2월 21일 SK 등 4개 정유사들의 휘발유·등유·경유 판매가격 담합행위에 대해 총 526억원의 과징금을 부과하고, 이들 4개 법인을 검찰에 고발하기로 의뢰한 바 있음.

- 한편 2007년 2월 14일에는 10개 합성수지 제조판매 회사들의 가격 담합행위에 대해 시정명령과 과징금 1051억원을 부과하고, 이 중 5개 회사를 검찰에 고발했음.

- 최근 25년간 부과된 과징금이 7516억원인데, 이 가운데 2005년 한 해 과징금 액수가 2493억원에 이름.
  - 담합 적발이 늘고 과징금이 급증하는 까닭은 행정지도 위주의 관행에서 벗어나 시장경제체제가 성숙해 가는 전환기적 상황에서 비롯되는 측면이 강함.

- 모든 공동행위가 부당하고 담합에 해당되는 것은 아님.
  - 최근 많은 관심을 끌고 있는 보완적 특허 풀(patent pool)을 통한 기업들의 공동 라이선싱은 친경쟁적이라고 이론적으로나 실무적으로 판단되고 있음.
  - 부당한 공동행위 여부에 대한 판단의 관건은 특정 공동행위가 사회후

생, 특히 소비자후생을 감소시키느냐에 달려 있음.

(8) 담합 자진신고 활성화

- 한편 최근 들어 기업들의 카르텔을 적발하기 위해 도입된 리니언시(leniency, 자진신고) 프로그램이 효력을 발휘하고 있음.
  - 1996년 도입돼 2004년 말 개정된 이 제도는 담합사실을 처음 자진신고한 업체에 대해선 과징금을 전액 면제해 주고, 2번째 업체에 대해서는 30%를 감면해 주고 있음.
  - 석유화학업계의 플라스틱 원료 가격 담합 사건에서 업계 1위인 호남석유화학은 가장 먼저 담합 사실을 공정위에 자진 신고해 사상 최대 규모인 600억원대로 추산되는 과징금을 면제받고 고발대상에서 제외되었음.
  - 조사에 자발적으로 협조한 삼성토탈과 삼성종합화학 역시 과징금을 감면받고 고발도 면했음.
  - 공정위는 유화업계 사건 이외에도 리니언시 제도를 활용해 1999년 이후 모두 21건의 담합행위에 대해 자진신고를 받았으며, 그 결과 470억원 이상의 과징금에 대해 면제 또는 경감 혜택을 부여하였음.
- 또 전 세계적으로 카르텔 조사와 처벌 수위가 높아지고 있으며 반도체 D램 가격 담합이 적발된 삼성전자는 2006년 회사 임원이 미국에서 징역형을 받는 등 담합 가담자 개인에 대한 처벌도 병행하는 게 추세임.

참 | 고 | 자 | 료

(1) 2007. 3. 3., 《매일경제》
(2) 안선경(2007), "교복 값, 왜 비싼가?", 《"click" 경제교육》, 한국개발연구원, 2007. 3.
(3) 박성하(2007), "공정경쟁과 담합행위", 한국은행 경제교육 청소년 경제나라(Teens 경제), 한국은행 부산본부, 2007. 8. 16.

11

노동시장의 유연성

(1) '비정규직보호법안'의 목적

- 이해집단 간 입장 차이가 큰 비정규직보호법안은 전체적으로 노동시장의 유연성을 높이되 취약층의 안전성을 높이는 쪽으로 양극화를 완화하고, 노동시장의 선진화를 앞당긴다는 목적을 갖고 있음.

- 주요 국제기관에서도 우리나라의 노동시장 유연성 제고를 주문하고 있음.
  - 2005년 7월 우리나라의 국가신용등급을 한 단계 올렸던 스탠더드앤드푸어스(S&P)는 추가적인 등급 상향조정의 전제조건으로 북한 문제의 진전 등과 함께 노동시장의 경직성 완화를 제시했음.
  - 2005년 7월말 IMF에서도 우리나라가 동아시아의 허브로 도약하기 위해서는 노동시장의 유연성을 제고하는 것이 핵심과제가 될 것이라고 밝히기도 했음.

(2) 노동시장의 유연성이 중시되는 이유

- 노동시장의 유연성이 높은 국가들이 그렇지 못한 국가에 비해 경제성장이나 고용 측면에서 더 좋은 성과를 거두고 있다는 연구 결과에 근거

- ILO가 미국, 일본 등 25개국을 대상으로 연구한 결과에 따르면, 노동시장의 유연성 제고는 고용불안 등 부정적 효과를 초래하는 면이 있지만 노동생산성을 향상시키고, 노동비용을 감소시키는 방향으로 작용해 경제 전체적으로는 고용창출 등 긍정적 효과가 더 큰 것으로 나타났음.

• 노동시장의 유연성이 높아지면 먼저 일자리에 대한 경쟁이 치열해지고, 임금이 생산성 수준을 상회하기 어렵게 되어 임금이 생산성 증가 범위 내에서 합리적으로 결정될 수 있음.
• 또한 일자리 경쟁의 심화는 근로자의 지식 및 기술 연마를 촉진하여 생산성을 향상시키고, 생산성이 높아지면 성장이 촉진되고 단위노동 비용이 감소하여 고용확대도 이루어진다는 것임.

(3) 외환위기 이후 유연성 개선 여부에 대한 평가

- 외환위기 이후 우리나라도 경쟁력 강화를 위한 중요한 목표 중 하나로 노동시장의 유연성 제고를 위해 많은 노력을 기울여 왔으나 세계은행(World Bank), OECD, 국제경영개발원(IMD) 등 주요 국제기관들과 국내 경영계는 해고 및 고용조건의 유연성, 고용보호 수준 등에서 우리나라 노동시장이 여전히 경직적인 것으로 평가하고 있음.

- 반면 노동계에서는 과거에 비해 기업의 고용조정이 상대적으로 용이해지고, 비정규직 근로자도 지속적으로 증가하는 점 등을 들어 우리나라 노동시장이 외환위기 이후 상당히 유연해졌다고 주장하고 있음.

- 이와 같이 외환위기 이후 노동시장 유연성에 대한 많은 논의에도 불구하고 "우리나라의 노동시장이 유연한가 혹은 유연해졌는가"에 대해서는 아직도 명확한 진단이 이루어지지 않고 있음.
  • 노동시장 유연성에 대한 평가가 크게 엇갈리는 이유는 유연성을 측정하는 방법이 다양해지고 그에 따라 해석도 달라지기 때문임.

(4) 다양한 노동시장의 유연성 평가 기준

1) 노동시장 유연성의 개념

- 노동시장 유연성의 개념에 대해 OECD는 '노동시장의 환경 변화에 신속하고도 효율적으로 대처할 수 있는 총체적 능력'으로 정의

- 노동시장의 유연성을 근로자 수, 근로시간 등 노동투입량과 임금이 경기변동에 탄력적으로 조정되는 정도를 보는 고용의 유연성(employment flexibility)과 임금 유연성(wage flexibility), 인력 재배치 및 조직개편 등 기업내부 인력운용의 효율성을 제고하는 기능적 유연성(functional flexibility), 실업충격의 지속성 등 네 가지로 분류하고 있음.

〈표 시11-1〉 노동시장 유연성

구 분	구체적 내용
실업충격의 지속성	실업충격의 영향이 얼마나 빨리 소멸되는가?
고용유연성	경기변동에 대해 고용조정이 얼마나 탄력적으로 반응하는가?
임금유연성	경기변동에 대해 임금조정이 얼마나 탄력적으로 반응하는가?
기능유연성	팀제 도입, 조직 개편, 근로자 재배치 등 기업 내부 인력 운용이 얼마나 유연한가?

2) 우리나라에서 논의되고 있는 노동시장의 유연성

- 우리나라에서 일반적으로 얘기하고 있는 노동시장의 유연성은 주로 "고용조정이 얼마나 용이한가?"에 초점이 맞춰져, '정리해고 가능 여부', '비정규직 활용 정도', '노동조합 유무와 강경 정도' 등의 의미로만 사용되는 경향이 있음.

- 외환위기 이후 그리고 최근 신자유주의 경향 속에서 "우리나라 노동시장이 경직되어 있기 때문에 노동시장의 유연성을 제고할 필요가 있다"는 주장에 대해서도 정확하게 어떤 유연성을 의미하는지 다시 한 번 생각해 보는 태도가 필요할 것임.

(5) 장단기적인 평가 모두 고려

- 그동안 우리나라에서 논의되어 왔던 노동시장의 유연성은 주로 "고용조정이 얼마나 용이해졌는가?"에 초점이 맞추어졌으나 경기변동에 대해 고용변수들이 얼마나 탄력적으로 반응하는가를 의미하는 '고용의 유연성'은 노동시장의 유연성을 단기적인 측면에서만 평가하는 것임.

- 한 경제에서 단기적인 경기변동뿐 아니라 장기적인 경제성장 추세가 더 중요하듯이 노동시장의 유연성을 판단하는 데에는 장기적인 관점도 매우 중요

- 장기적인 측면에서 유연성 개선 여부는 '실업의 지속성'으로 판단할 수 있음.
  - 이는 실업의 변화를 처음 야기했던 충격이 없어진 이후 그 영향이 얼마나 장기간 지속되는가를 말함.
  - 실업자가 되더라도 실업에서 빨리 벗어난다면 실업의 지속성이 낮고, 실업상태가 길어지면 높다고 보는 것임.
  - 이 방식에 따라 실업의 지속성이 높을수록 노동시장이 경직적이라고 평가

- '고용의 유연성'과 '실업의 지속성'을 중심으로 외환위기 이후 우리나라 노동시장의 유연성 개선 여부를 장단기 측면에서 분석해 보면, '고용의 유연성'은 제고된 반면 '실업의 지속성'은 외환위기 이전보다 오히려 악화된 것으로 나타났음.

(6) 단기적인 관점 : 고용조정의 유연성 개선

- '고용의 유연성'을 나타내는 고용조정계수는 (-)를 나타내는 것이 경제이론적으로 옳음.

- 고용은 노동수요의 주체인 기업에 의해 결정되기 때문에 경기가 좋을 때 고용이 늘어나고 경기가 나쁘면 줄어드는 것이 일반적임.

• 경기침체기엔 실업률이 상승하고, 경기회복기엔 실업률이 하락한다는 의미

- 따라서 고용조정계수의 (−)값이 클수록 경기변동에 대해 고용조정이 보다 탄력적으로 반응한다고 해석하고, 단기적인 측면에서 노동시장이 유연하다고 평가함.

- 우리나라의 경우 고용조정계수는 이론적으로 (−)값이 예상됨에도 불구하고 외환위기 이전인 1995년 중반까지 거의 대부분 기간에서 신뢰구간이 '0'을 포함하고 있음.
  • 이는 경기변동에 대한 '고용의 유연성'이 거의 작동하지 않았다는 의미

- 반면에 1995년 중반부터 최근까지는 신뢰구간이 (−) 영역에 있어 경기침체기에 실업이 증가하고, 경기호황기에 실업이 감소하는 부(負)의 관계를 보여주고 있음.

- 고용조정 계수의 흐름을 보면, 1993년경부터 추세적으로 하락하기 시작하여 외환위기 당시에 가장 낮은 수준으로 떨어져 외환위기 당시 극심한 경기침체에 대해 고용조정이 상당히 빠른 속도로 이루어졌음을 알 수 있음.

- 외환위기 이후인 2000년 들어 다시 상승하고는 있으나 여전히 (−)값을 유지하고 있고, 외환위기 이전보다 상대적으로 낮은 수준을 보이고 있음.

- 이를 통해 경기변동에 대한 고용조정 측면에서 본 노동시장의 유연성은 외환위기 이후 개선된 것으로 평가됨.
  • 다만 외환위기 이후인 2000년부터는 고용조정 계수가 다시 상승하기 시작해 외환위기 당시에 비해서는 고용조정 속도가 점차 떨어지는 추세에 있는 것으로 나타났음.

- 외환위기 이후 고용조정 측면에서 유연화가 이루어지고 있는 것은 기업들의 고용행태가 고용조정이 보다 용이한 방향으로 변화하고 있기 때문인 것으로 보임.

- 외환위기 이후 우리나라 노동시장의 특징 중 하나는 임시직과 일용직 등 비정규직 근로자와 주당 35시간미만의 단시간 근로자가 크게 증가하고 있다는 점임.
- 전체 취업자 가운데 비정규직 근로자가 차지하는 비중은 외환위기 이전 20%대 중반에서 2005년 1~9월중에는 31.7%까지 상승
- 외환위기 이전 6%대에 불과하던 단시간 근로자의 비중도 2005년에는 12.5%를 기록해 2배 이상 늘었음.

- 제도적 측면에서 고용조정제와 근로자파견제, 탄력적 근로시간제 등의 도입은 고용불안을 심화시켰다는 부작용이 있지만 고용의 유연성 제고에는 크게 기여한 것으로 보임.

(7) 장기적인 관점 : 실업 충격의 지속성 악화

- 실업률의 지속성을 나타내는 계수 값이 클수록 노동시장이 경직적임을 의미
  - 지속성이 커지면 유가 상승 등 외부충격으로 실업이 증가한 후 다시 낮아지는데 오랜 시간이 걸리는 것을 나타내기 때문임.

- 지속성 계수는 외환위기 이전부터 꾸준히 높아지는 추세에 있었음.
  - 외환위기 이후의 지속성 계수가 외환위기 '직전'에 비해서는 다소 낮아지긴 했지만, 외환위기 이후의 평균치가 외환위기 이전의 평균치보다 높아 '기간 평균'으로 보면 지속성이 악화되었음.
  - 외환위기 이전과 비교해서 장기적인 측면에서는 노동시장이 경직적으로 변한 것임.

- 실업의 지속성이 개선되지 않는 것은 장기 실업자 비중이 외환위기 이후 낮아지지 않고 있다는 점을 통해서도 알 수 있음.

- 과거에 취업한 경험이 있었던 전직 실업자 중에서 1년 이상 장기간 실업상태에 있는 실업자가 차지하는 비중은 지난 1998년 11.6%, 1999년 16.3%에서 2005년에는 20.1%까지 높아졌음.

• 이는 유럽의 경우, 미국에 비해 실업률이 높고 노동시장이 경직적이라고 평가받는 이유 중 하나로 유럽에는 장기 실업자의 비중이 높다는 점이 지적되고 있는 것과 마찬가지임.
• 유럽에서는 새로운 일자리가 생길 때 장기 실업자들이 그 자리를 메우지 못해 실업의 지속성이 높고, 균형실업률 상승요인으로 작용

(8) 임금의 유연성 점차 저하

- 임금의 유연성은 외환위기 직후 크게 개선되었으나 최근 들어 유연성이 저하된 것으로 보임.
  • 기존 연구에서도 외환위기 직후엔 임금의 유연성이 크게 증대된 것으로 분석
  • 실질임금의 경기순응성이 미국의 두 배에 이를 정도로 매우 크다는 연구결과도 있음.
  • 노동부의 《임금구조 기본 통계조사》 자료 등을 분석한 결과 우리나라의 경우 실업률이 1%p 하락할 때, 실질임금상승률은 약 3.25%p 상승하는 것으로 추정

- 하지만 2004년 이후엔 임금의 경기연동성이 약화된 것으로 보임.
  • 분석 결과 2003년까지는 경제성장률과 임금상승률이 같은 방향으로 움직였으나 2004년부터 2005년 3/4분기까지는 반대방향으로 움직여 외환위기 직후와는 완전히 다른 모습을 보이고 있기 때문임.

- 최근 2년간 임금이 오히려 경기역행적인 모습을 보이긴 하지만, 장기적으로는 임금의 유연성이 제고될 수 있는 여지가 많아 보임.
  • 연봉제 및 성과배분제, 연공서열형 임금체계 완화 등 성과주의 임금체계로의 전환이 늘어나는 추세에 있어 제도적인 측면에서 임금의 유연성을 제고할 수 있는 기반이 조성되고 있기 때문
  • 특히 연공제와 성과배분제 도입 이유로 생산성 향상이 가장 큰 비중을 차지하고 있는 점도 임금의 유연성 제고에 큰 도움이 될 것으로 보임.

(9) 기능적 유연성은 제고된 듯

- 기업내부 인력운용의 유연성(internal labor market flexibility)은 어느 정도 진전이 있었던 것으로 보임.

- 노동연구원에서 발표한 자료에 따르면, 외환위기 이후 기업 구조조정에서 가장 활발하게 사용된 방법은 고용 또는 임금조정보다는 기존 인력의 배치전환, 부서 통폐합, 팀제 도입, 분사, 외주 및 하도급 확대 등을 통한 '기능적 조정'이었음.
  - 이러한 기능 조정을 실시한 업체의 비중이 59.6%로 가장 높은 것은 기능적 유연성이 제고되었음을 뒷받침한다고 할 수 있음.
  - 명예퇴직, 정리해고, 신규채용 동결 등 '인원 조정'은 40.1%의 사업장이 실시했으며, 그 외에 '임금 조정'이 31.7%, '근로시간 조정'이 16.0%의 순으로 조사되었음.

- 이는 기업들이 근로자 및 노조의 반발이 큰 고용이나 임금 조정보다 기능적 유연화에 치중한 데 기인한 것으로 보임.

(10) 장기실업 해소 시급

- 이상을 통해 외환위기 이후 고용의 유연성과 기능적 유연성이 개선되었고, 임금부문은 최근 경기역행적인 모습을 보이긴 하지만 점차 개선될 수 있는 여건을 갖추고 있는 것으로 평가됨.

- 하지만 노동시장 유연성을 장기적인 관점에서 평가할 수 있는 '실업 충격의 지속성'은 여전히 개선되지 않고 있어 우리나라 노동시장의 유연성이 전반적으로 개선되는 데 걸림돌로 작용하고 있는 것으로 보임.

- 이 같은 결과는 향후 정부의 노동시장 유연화 정책에도 중요한 시사점을 던져줌.
  - 즉 성장잠재력 확충을 통한 일자리 창출과 직업훈련, 취업알선, 규제완화 등을 통해 장기실업을 줄여 실업의 지속성을 낮추는 노력이 좀 더 필요

• 거시경제 측면에서도 실업의 지속성 개선은 매우 시급
• 고용조정이 유연화 되더라도 실업의 지속성이 개선돼 실업에서 쉽게 탈출할 수 있다면 별 문제가 안 될 수 있음.
• 미국은 고용이 불안하지만 다른 직종, 다른 직업으로 재취업하는 것이 상대적으로 용이하기 때문에 고용불안이 경제적, 사회적 문제로 부각되지는 않고 있음.

- 하지만 우리나라의 경우 외환위기 이후 고용의 유연성이 제고되면서 비정규직 양산, 고용불안과 함께 한번 실업에 빠지면 재취업하기가 점차 어려워지는 등의 부작용이 나타나고 있음.
  • 이런 현상은 소득 양극화를 심화시키고 빈곤층이 늘어나는 요인으로 작용해 최근 내수의 본격적인 회복을 가로막는 중요한 원인이 되고 있음.
  • 노사관계에서도 노조가 고용조정에 강력히 저항할 수밖에 없어 강성노조를 유도하고, 청년실업을 늘리는 환경을 제공하는 측면이 있음.

- 결국 고용, 임금, 기능의 유연성 제고뿐 아니라 장기실업 축소 등 실업의 지속성도 개선되어야만 진정한 의미에서 노동시장이 유연화됐다고 평가할 수 있을 것임.

참 | 고 | 자 | 료

(1) 송태정(2005), "노동시장의 유연성 개선되었나", 《주간경제》, LG경제연구원, 2005. 11. 16.
(2) 허균(2008), "정리해고를 마음대로 할 수 있어야 노동시장이 유연한 건가요?", 《"click" 경제교육》, 한국개발연구원, 2008. 1.

12

소득분배 문제

(1) 소득불균형의 발생원인

- 우리가 활동하고 있는 시장경제에서는 경제주체들이 자신의 이익을 위해 자유롭게 경쟁하고 있으며, 그러한 경쟁의 결과로 국가 전체적으로는 자원이 효율적으로 사용되고 있지만 사람들 간에는 소득격차가 생겨나게 됨.
- 소득불균형이 나타나는 주요한 요인은 사람마다 일을 해서 만들어내는 생산성에 차이가 나 임금수준이 다르기 때문
  - 생산성은 타고난 능력에 영향을 받기도 하고 교육이나 훈련에 의해 영향을 받기도 함.
- 소득불균형은 임금수준 외에도 상속받은 재산이나 자본을 투자해 얻은 소득 또는 복권당첨 같은 행운 등에 따라서 소득과 재산의 격차가 생겨나기도 함.

(2) 소득분배의 중요성

- 시장경제하에서 개인의 소득은 생산활동에 기여한 정도에 따라 결정
  - 따라서 생산성이 높은 사람은 낮은 사람에 비해 더 많은 소득을 얻게 됨.
- 그러나 경제활동의 결과인 소득을 시장원리에 의해 분배되도록 놓아 둘 경우 사회 구성원들 사이에 소득격차가 커질 수 있으며 이로 인한 부익부 빈익빈 현상의 심화는 사회불안을 야기
- 이런 현상이 지속되면 국민경제 전체적으로 활력이 떨어지고 범죄율이

높아지는 등의 심각한 문제들을 낳을 수 있음.

- 또한 소득의 분배는 사람들의 구매력에 직접적인 영향을 끼치게 되므로 경제정책을 수행하는 데 있어서도 매우 중요한 문제

(3) 소득분배상태의 측정

- 한 사회의 소득분배가 얼마나 불평등한지를 측정하는 방법에는 여러 가지가 있으나 일반적으로 '10분위 분배율'과 '로렌츠곡선' 그리고 '지니계수' 등이 가장 널리 이용됨.

1) 10분위 분배율

- 이는 하위 소득 계층 40%의 소득점유율을 상위 소득 계층 20%의 소득점유율로 나눈 비율을 말하는데, 이 값이 클수록 평등한 분배를 나타냄.
- 우리나라의 경우 10분위 분배율은 통계청에서 작성하여 발표하고 있는데, 1992년 0.591에서 외환위기 직후인 1999년에는 0.496으로 대폭 낮아져 소득분배가 더욱 불평등해졌으나 2000년 이후에는 0.5를 소폭 웃도는 수준을 나타내고 있음.

2) 로렌츠곡선

- 로렌츠곡선은 미국의 통계학자인 로렌츠(M. O. Lorenz)가 한 나라 국민들의 소득분배 정도를 파악하기 위해 인구의 누적비율과 소득의 누적점유율 사이의 상관관계를 표시한 곡선임.
  - 예를 들어 국민소득이 100억원이고 전체 인구가 100명인 국가에서 소득을 1인당 1억원씩 균등하게 분배해 줄 경우, 인구의 누적비율과 소득의 누적점유율이 같게 되어 완전균등분배가 이루어지기 때문에 로렌츠곡선은 대각선과 일치하게 됨.
  - 이러한 완전균등분배는 이상적인 상황일 뿐 현실에서 보면 대부분의 경우 로렌츠곡선은 대각선보다 오른쪽 아래에 있는 것이 보통

• 극단적인 예로 인구의 0.1%가 소득의 전부를 갖고 나머지 99.9%는 소득이 전혀 없는 완전불균형 소득분배의 경우 로렌츠곡선은 많이 구부러져 직각 모양에 가깝게 됨.

- 로렌츠곡선은 소득분배의 불평등 정도를 한눈에 쉽게 파악할 수 있는 장점을 지니고 있음.
  • 예를 들어 우리나라의 로렌츠곡선이 미국의 그것보다 더 대각선에 가깝게 나타난다면, 한국의 소득분배가 미국보다 더 평등하다는 것을 쉽게 알 수 있음.

3) 지니(Gini)계수

- 로렌츠곡선이 나타내는 내용을 하나의 수치로 표시한 것임.
- [그림 시12-1]에서 소득분배의 불균형 정도가 클수록 소득의 완전균등분배를 나타내는 대각선과 로렌츠곡선 사이의 면적 A가 넓어지는 것에 착안하여 지니계수는 이 면적 A를 직각삼각형의 면적($A+B$)으로 나눈 값으로 정의
  • 소득분배가 완전히 균등할 경우 로렌츠곡선은 대각선 그 자체가 되므로 면적 A는 0이 되어 지니계수도 0이 됨.

[그림 시12-1] 로렌츠곡선

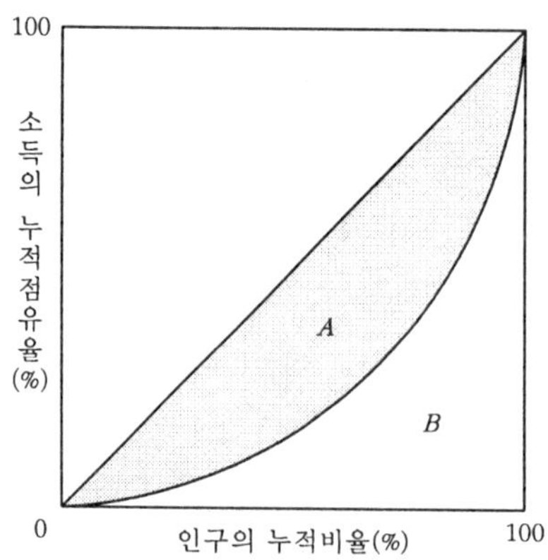

• 반대로 소득분배가 완전히 불균등할 경우는 면적 A가 직각삼각형의 면적과 같아지기 때문에 지니계수는 1이 됨.

- 그러므로 지니계수는 0에서부터 1까지의 값을 가지며 그 값이 클수록 소득분배가 불평등함을 의미
- 우리나라에서는 통계청에서 지니계수를 발표하고 있는데 도시근로자가구의 지니계수를 보면 1985년 0.311에서 1997년 0.283까지 낮아졌으나 1998년에 0.316으로 급격히 높아진 후 최근까지 주춤한 모습을 보여주고 있음.
- 세계은행이 발표한 자료를 바탕으로 우리나라의 지니계수를 선진국들과 비교해 보면 일본이나 북유럽 국가들의 지니계수는 우리나라보다 낮아 소득격차가 크지 않다는 것을 알 수 있음.

4) 소득 5분위 배율

- 가계를 소득수준에 따라 5개 계층으로 나누고 최상위 계층에 속하는 가계의 소득이 최하위 계층의 소득의 몇 배인지를 계산하는 것임.
- 2006년 중 소득 5분위 배율은 7.64배인데, 이는 최상위 20% 계층에 속하는 가계의 소득이 최하위 20% 계층의 소득보다 7.64배나 많다는 것을 의미

(4) 소득재분배 정책

- 세계의 많은 나라에서는 계층 간의 소득격차를 줄이기 위해 정부가 나서 조세제도와 정부지출을 통한 두 가지의 소득재분배 정책을 펴고 있음.

1) 조세제도를 통한 정책

- 대표적인 예는 소득이나 재산이 많을수록 더 높은 세율을 적용하는 누진세제가 있음.
  • 조세부담이 누진적이면 세금을 내기 전의 소득격차보다 내고 난 후의 소득격차가 줄어들게 됨.

- 조세제도의 또 다른 예로는 저소득층이 많이 소비하는 상품에 대해서는 세금을 낮추거나 면제해 주는 반면, 고소득층이 주로 사용하는 상품에 대해서는 특별소비세 등을 매겨 세금을 높이는 방식도 있음.

2) 정부지출을 통한 정책

- 정부지출을 통한 소득재분배 정책은 주로 저소득층을 대상으로 하는 사회복지비를 중심으로 이루어짐.
  • 사회복지비는 저소득층의 최저생계비를 위한 지출, 노인, 장애인, 소년소녀가장 등 경제적으로 자립하기 어려운 계층의 생계 보조나 경제적 자활을 위해 지출되는 것을 말함.

- 그러나 이와 같은 소득재분배 정책은 저소득층의 생활수준 향상을 위한 근본적인 해결책은 되지 못함.
  • 오히려 근로의욕을 저하시키는 등 경제의 효율성이 떨어져서 원래의 목적과는 달리 가난한 사람들의 생활수준을 영원히 높이지 못할 수도 있음.

- 저소득층의 빈곤을 예방하고 근로의욕을 고취시키는 제도의 하나로 '근로장려세제'를 예로 들 수 있음.
  • 이 제도는 일을 많이 할수록 근로장려금 지급액이 많아지는 구조로 되어 있어 저소득 근로자에게 실질적인 소득지원을 함과 동시에 근로유인을 높이는 효과가 있음.
  • 우리나라에서도 2008년부터 도입 · 시행되고 있음.

(5) 평 가

- 흔히 경제성장은 파이(소득)를 크게 만드는 것에, 소득분배는 파이를 나누는 것에 비유

- 파이를 크게 만드는 것에만 집중한 나머지 그것을 평등하게 나누는 것에 인색한 것도 문제지만, 파이를 나누는 문제에 너무 관심을 두다 보

면 정작 파이 키우는 일에 소홀해지기 쉬움.

- 따라서 적절한 재분배 제도를 갖추어 국민들의 일할 의욕을 낮추지 않는 동시에 개인의 인간다운 삶과 사회의 안정을 꾀할 수 있어야 함.

관련사항

▣ 국민기초생활보장제도

- 우리나라는 기존의 생활보호법을 대체하는 국민기초생활보장법에 의거하여 2000년 10월부터 국민기초생활보장제도를 시행하고 있음.
  - 기존의 생활보호제도는 생활보호대상자를 선정하여 이들에 대한 단순 생계지원 수준에 머물고, 많은 저소득층이 사회보장의 혜택을 받지 못하는 등의 한계가 있었음.
  - 반면 국민기초생활보장제도는 국가의 보호를 필요로 하는 절대빈곤층의 기초생활을 보장하되 종합적 자립자활서비스를 제공하는 것을 주요 내용으로 하고 있음.
- 이 제도는 수급자의 범위 확대 및 선정기준의 합리화로 국가의 보호를 필요로 하는 최저생계비 이하의 모든 가구에 대하여 생계비를 지급
- 또한 '생산적 복지'의 이념에 기반을 두고 근로능력자에 대해서는 근로유인장치를 두어 근로의욕 감퇴를 방지하는 한편, 가구별 자활지원계획을 수립하여 체계적인 자활지원을 하고 있음.

참고자료

(1) 박세준(2008), "소득분배의 측정과 재분배 정책", 한국은행 경제교육(경제기초원리), 한국은행 부산본부, 2008. 11. 6.

(2) 박병걸(2007), "소득불균형과 지니계수", 한국은행 경제교육(시사경제), 한국은행 부산본부, 2007. 2. 24.

13

임금구조의 변화와 특징

(1) 현 황

- 우리 경제의 저성장 기조와 글로벌화, 그리고 산업기술의 변화 추세가 가속화되면서 최근 우리나라의 노동시장도 많은 변화를 겪고 있음.

- 무엇보다 경제성장의 양적 · 질적 한계로 인해 일자리 창출이 크게 부진해졌음.
  - 경제전반의 성장 동력이 2000년대 들어 현저히 약화된 데다 IT 부문을 비롯한 자본집약적 산업이 성장을 주도하면서 일자리 창출이 한계에 직면하게 된 것임.
  - 여기에다 글로벌 단위의 치열한 기업 간 생존경쟁이 일상화되면서 이제 근로자들도 과거와 같은 고용의 안정성을 더 이상 기대하기 어려워졌을 뿐만 아니라 더 많은 성과경쟁 및 보상의 차별화라는 압력에 직면하게 되었음.

- 우리 기업들의 글로벌 시장 매출 및 글로벌 아웃소싱이 가파른 속도로 확대되고 있는 만큼 이제 국내의 근로자들은 전 세계의 수십억 근로자들과 보이지 않는 무한경쟁을 펼쳐야 할 입장에 처하게 된 것임.

(2) 전 세계 수십억 근로자들과 무한 경쟁

- 노동의 유연화를 중심으로 한 우리나라 노동시장의 상황 변화가 2000년 중반 현재 우리 사회가 겪고 있는 양극화의 중요 배경이 되고 있음은 주지의 사실

- 근로소득의 격차 확대가 금융, 부동산소득 등을 포함한 전체 소득의 양극화를 야기하고 있는 주된 요인이기 때문[116]
- 노동시장의 한계선상에 위치해 있는 고령자, 여성, 저학력근로자들을 포함한 상당수 임금근로자들에게 최근의 노동시장 변화는 고용기회나 임금 측면에서 불리한 조건으로 작용할 것임.
- 반면 능력과 성과에 따라 고용기회와 보상의 차별이 이루어지는 노동의 유연화는 연공서열 중심의 기존 노동시장 관행을 깨고 기업, 나아가 국가경제의 대외경쟁력의 제고와 더 많은 일자리의 창출에 긍정적으로 작용하게 될 것임.

(3) 외환위기 이후 임금구조의 변화 추이와 특징

- 글로벌 경쟁의 심화, 정보지식 중심의 산업기술 진보, 저성장과 노동의 유연화 등과 같은 큰 시대적 변화의 흐름들이 우리나라 전체 취업자의 약 2/3를 차지하고 있는 임금근로자의 임금구조에 어떤 형태로 반영되고 있는지 살펴보고자 함.[117]

1) 남녀 간 성별 임금격차 축소

- 성별 임금구조를 살펴보면, 남성과 여성 근로자의 임금격차는 여전히 크지만 2000년대 들어 지속적으로 축소되고 있는 것으로 나타나고 있음.
  - 여성 근로자의 월평균 임금을 100으로 할 경우 남성 근로자의 평균임금은 2003년 160 수준으로 2000년의 170에 비해 크게 낮아졌으나 2004년 들어 다시 소폭 반등한 상태임.

---

116) 우리나라의 경우 근로소득이 전체 가구소득에서 차지하는 비중은 약 86% 수준에 달할 정도로 절대적임.

117) 조용수(2007)는 이를 위해 '한국노동패널조사(KLIPS)'의 최초 시행시점인 1998년 이후 최근(2004년)에 이르는 총 7개 연도의 자료에 수록된 개인 데이터를 이용하였음. 한국노동패널조사에 수록된 임금 관련 데이터는 우리나라 전체 가구를 대표하는 조사대상 패널가구의 실제 소득을 구성하는 자료라는 점에 의의가 있음.

• 이러한 결과는 노동부가 2006년 12월 발표한 2005년 임금구조 기본통계 조사결과와 거의 일치하는 것으로 노동부에 따르면 여성근로자의 월평균 급여액은 1999년 남성근로자 대비 63.8%에서 2005년 현재 66.2%로 높아졌음.
• 성별에 따른 고용기회 및 보상차별 해소에 대한 노동시장 내부의 인식 제고와 더불어 여성근로자의 진출 영역 확대 및 근로능력 향상이 여성근로자 임금의 상대적 수준의 향상에 기여한 것으로 풀이됨.

- 연령대별 임금구조의 경우, 노동시장 신규참여자인 20대 근로자의 임금을 기준으로 했을 때, 30~50대의 임금수준에는 큰 변화가 없는 것으로 나타났으나 60세 이상 고령근로자의 상대적 임금수준은 분석대상기간 중 큰 폭으로 하락한 것으로 나타났음.
  • 고령근로자의 경우 외환위기 직후인 1998년 당시만 해도 20대 근로자의 101.5% 수준이던 임금이 이후 지속적으로 하락해 2003년 65.7%로 낮아졌으며, 2004년에는 소폭 상승해 71.1% 수준을 기록했음.
  • 이러한 고령자의 상대적 임금수준 하락은 우리나라 고령자의 취업환경이 선진국에 비해 크게 열악한 상태에 머물러 있는 데다 외환위기 이후 본격화된 기업구조조정과 50대 중후반 근로자의 조기은퇴, 명예퇴직, 그리고 고령화의 여파 등으로 노동시장에 재진출하고 기대임금 수준을 하향 조정한 고령근로자의 수가 크게 늘어났기 때문인 것으로 풀이됨.
  • 고령근로자에 대한 수요와 공급의 불일치(mismatch)가 심화되고 있는 것임.

2) 고령자의 임금수준 큰 폭 하락

- 실제로 생산성 및 성과 향상에 직결되는 신기술의 흡수 및 적응능력이 뛰어난 20대 근로자의 경우 1998년 87만원 수준이던 20대 근로자의 월평균 임금이 2004년 121만원으로 약 40%가량 오른 반면, 노동시장에서의 입지가 날로 취약해지고 있는 고령근로자의 임금은 1998년 88만원

수준에서 이후 계속 하락 또는 정체하는 양상을 보였던 것도 고령근로자의 상대적 임금수준 하락의 원인임.[118)]

- 한편 20~40대에 이르기까지 연령대가 높아질수록 임금수준이 높아지는 현상은 외환위기 직후만 해도 비교적 뚜렷하였으나, 2000년대 들어 특히 30대와 40대의 임금격차가 크게 좁혀지거나 일시적으로 역전되는 등 연령과 임금수준과의 관계가 크게 약화된 것으로 나타났음.
  - 20대의 임금수준을 100으로 할 경우 외환위기 직후인 1998년에는 30대가 139.2, 40대가 143.5를 기록하였으나, 2000년의 경우 142.9와 139.5로 역전되었으며 2004년에는 다시 145.6과 145.7로 40대의 미미한 우위가 회복되었음.
  - 기업의 구조조정 등 노동시장 유연화 흐름으로 인해 40대의 노동시장에서의 입지가 과거에 비해 상대적으로 크게 취약해졌음을 반영하는 것으로 보임.
  - 이와 관련해 40대 임금근로자 임금분포의 표준편차가 지난 1998년 77.4에서 2004년 116.6으로 크게 높아진 점도 주목할 만한데, 임금분포의 표준편차가 커졌다는 말은 동일집단 내에서의 개인 간 격차와 불안정성이 그만큼 커졌다는 것을 의미하는 것으로 30대 임금근로자 임금분포의 표준편차가 같은 기간 중 56.6에서 86.7로 높아지는 데 그친 것과 뚜렷한 대비를 이룸.
  - 한편 1998년과 2004년의 성별·연령별 임금수준을 비교한 것을 보면 30대 초반에서 50대 초반에 이르는 연령대에서 남성과 여성의 임금격차가 과거에 비해 더욱 커졌음.

3) 고학력과 저학력 임금격차 다시 확대

- 학력별 임금격차는 외환위기 이후 일시 하락추세를 보였으나 2000년대 중반으로 가면서 다시 확대되는 모습을 보이고 있음.

---

118) 이 분석에서 고령근로자의 월평균 임금은 2003년 77.1만원, 2004년 86.5만원으로 계산되었음.

• 고졸 이하 학력을 지닌 임금근로자의 평균임금을 100으로 할 경우 전문대 이상(및 대학재학 이상)의 학력을 지닌 근로자의 임금은 외환위기 직후인 1998년 153 수준이었으나 2000년 142 수준까지 낮아진 이후 다시 상승세로 돌아서 2004년에는 149 수준을 기록하고 있음.

- 학력에 따른 임금격차가 다시 확대되고 있는 이러한 추세는 학력에 따른 생산성 및 성과의 차이가 일부 원인이 되고 있는 것으로 추론할 수 있으나, 보다 근본적으로는 국내 제조업 및 전통서비스업 부문의 대외경쟁력 약화와 전반적인 성과부진, 나아가 글로벌 경쟁력을 확보한 소수 고부가가치 수출산업 및 지식정보 중심의 서비스산업 등과의 성과 양극화 추세에 기인하는 것으로 볼 수 있음.

- 한편 제조업과 서비스업의 임금격차는 거의 해소된 것으로 나타났음.
  • 제조업 근로자의 임금수준을 100으로 할 경우 1998년 당시 109.3 수준이던 서비스업 임금수준은 2004년 100.4로 제조업과 거의 동일한 수준을 기록하고 있음.

- 서비스업 임금수준의 상대적인 하락은 외환위기 이후 규제완화 등으로 동 부문의 진입장벽이 완화되면서 경쟁이 심화되었다는 점, 업종특성상 성과에 따른 인력 구조조정이나 고용형태의 탄력적인 적용이 제조업에 비해 상대적으로 활발하게 이루어지고 있다는 점 등과 무관하지 않은 것으로 판단됨.
  • 여기에다 제조업의 경우 근로자의 고령화가 진행되고 있는 반면, 서비스업의 경우 20대 등 낮은 연령대의 근로자가 선호한다는 점도 양자 간의 상대적 임금격차 축소의 한 원인이 된 것으로 판단됨.

- 다음으로 취업형태에 따른 임금격차는 유지 또는 악화되는 모습을 보인 것으로 나타났음.
  • 임시직의 상용직 대비 임금수준은 외환위기 직후 미미한 등락을 지속하다 2003년과 2004년 연속 하락해 2004년 현재 상용직의 절반에 못 미치는 48.8 수준(상용직=100 기준)을 기록하고 있음.

- 일용직의 경우 외환위기 직후 상용직의 56.9 수준에서 2002년 최고 63.1 수준으로까지 높아졌으나 최근 다시 하락세를 보여 2004년 59.1 수준에 머물러 있음.
- 정규직과 비정규직의 임금격차 역시 유사한 양상을 보이고 있는데, 1998년 정규직의 57.7% 수준이던 비정규직의 임금수준은 2001년 60.6% 수준으로까지 높아졌으나 2004년 55.3 수준을 기록하는 데 그치고 있음.

4) 임금 10분위 배율 높아져

- 마지막으로 임금구조상의 분포와 그 변화 추이는 외환위기 이후, 특히 2000년대 들어 심화되고 있는 우리 사회의 전반적인 양극화 현상을 이해하는 데 있어 유용한 단서를 제공할 것임.

- 이와 관련해 조용수(2007)는 한국노동패널조사의 조사대상 임금근로자의 상위 10%와 하위 10%의 임금비율, 즉 10분위 배율과 함께 전체 조사대상자의 임금을 기준으로 중간값(median)의 절반에 못 미치는 임금을 받는 상대적 저임금 근로자의 비중과 그 추이를 구했음.

- 먼저 10분위 배율의 경우 지난 1998년 7.46, 즉 상위 10% 근로자의 임금이 하위 10% 근로자 임금의 7.46배를 기록했으나, 2004년에는 8.28배로 높아진 상태임.

- 한편 중위근로자의 절반에 못 미치는 임금을 받는 상대적 저임금근로자의 비중은 외환위기 이후, 특히 2000년대 초반이후 계속 증가하고 있음.
  - 동 비중은 1998년 9.6% 수준에서 2004년에는 12.5%로 높아졌음.
  - 여기에다 저임금의 기준을 중위근로자 임금의 50%~70% 수준을 받는 차상위 임금근로자로 확장할 경우 상대적 저임금 근로자의 비중은 2004년 28.2%로 높아짐.
  - 외환위기 이후 26~28% 수준을 유지하던 이 비율은 내수경기가 호전되었던 2001년 일시적으로 21.3% 수준으로 하락했으나 이후 전반적인 경기부진과 더불어 다시 증가 추세로 반전된 것으로 판단됨.

(4) 시사점

- 여성의 사회진출 확대와 고령화, 경제의 지식정보화 및 서비스화, 노동의 유연화, 그리고 글로벌 경쟁의 심화 등과 같은 거대 트렌드가 우리나라의 임금구조에 직간접적으로 상당한 영향을 미치고 있음을 확인할 수 있었음.

- 개별 근로자 집단의 부가가치 창출능력의 차이에 따른 임금격차는 향후에도 더욱 심화될 것임.
  • 글로벌 경쟁력이 약화되고 있거나 부가가치 창출 구조의 혁신의 가능성이 낮은 저부가가치 업종 종사자나, 지식정보화 트렌드에의 적응능력이 떨어지는 중간 고령자, 저학력자 등의 상대적 임금수준은 시간이 흐를수록 하락할 수밖에 없을 것이기 때문임.
  • 문제는 이러한 특정 집단을 중심으로 한 임금격차의 확대가 사회전반의 양극화를 가속시키는 중요 동인이 될 수 있다는 점임.

- 따라서 중간 고령자와 저학력자, 그리고 저부가가치 제조업이나 전통서비스업 종사자 등 취약 근로계층의 직업능력, 부가가치 창출능력을 향상시키기 위한 다양하고 전문적인 교육 및 훈련기회가 요구됨.
  • 공공부문의 관련 예산 확대와 전문인력 확보 등 정책적 투자 확대 노력이 경주되어야 할 것으로 보임.
  • 근로자 개개인이 의지만 있다면 언제든지 스스로의 경제적 또는 직업적 가치를 반복적으로 높여나갈 수 있는 평생교육훈련 체계가 공공부문에서 탄탄하게 구축될 때 우리 사회는 진정한 의미의 사회 안정망을 갖게 될 것임.

참 | 고 | 자 | 료

(1) 조용수(2007), "최근 임금구조의 변화 추이와 특징", 《주간경제》, LG경제연구원, 2007. 5. 2.

14

환경문제 해결 방안 : 배출권 거래 도입

지구 온난화의 부정적 효과나 이를 막기 위한 대책 등은 차치하고, 환경문제에 내재되어 있는 '외부성'의 의미와 '탄소배출권'과 같은 대책이 어떠한 경제적 의미를 갖는지 알아보기로 하자.

(1) 환경문제 해결의 어려움

- 사람들은 자연환경을 개발하여 경제발전을 이루고 이를 통해 생활수준의 향상이라는 혜택을 누려왔지만 경제발전을 위해 자연환경을 지나치게 훼손한 결과 공기나 하천이 크게 오염되었으며, 이산화탄소와 같은 공해물질이 대기 중에 많아지면서 지구 온난화 현상이 더욱 심해지고 있어 환경문제에 대한 우려는 점점 커져가고 있음.
  - 북극에서는 빙하가 녹아 해안선이 바뀌고, 지난 100년간 세계의 평균 기온은 0.74° 상승했다고 함. 지구가 이처럼 더워진 데는 경제활동의 부산물인 이산화탄소나 메탄 등 온실가스가 한몫했음.

- 전 세계가 지구 온난화와 같은 환경문제에 공감하면서도 이를 방지하기 위한 대책에 대해합의를 잘 이끌어 내지 못하는 이유는 환경문제로 인한 피해는 장기적이고 불확실한 반면 이를 방지하는 데 드는 비용은 매우 크고 명백하기 때문임.

- 또한 공해물질을 정화하는 데 드는 비용이 기업별로도 큰 차이가 나기 때문에 기업들 간에 이해관계가 매우 다름.

(2) 환경문제의 외부성

- 환경문제에는 기본적으로 '외부성'이 내재되어 있음.
  • 오염물질 배출 행위에 대해 대가를 치를 필요가 없다면, 기업이 인식하는 생산비용은 사회적 비용보다 낮아 과잉생산(오염물질의 과다배출)이 발생

1) 해결책

- 기업이 인식하는 생산비용을 올려 사회적 비용과 일치시키는 것임.

2) 문제는 이 비용을 부담시키는 방법

- "당신 회사에서 생산되는 제품은 이산화탄소를 많이 내뿜으므로 환경부담금을 올리겠습니다", "각 기업마다 환경정화기금 마련을 의무화합시다" 만약 이러한 얘기를 듣는다면, 대부분은 선뜻 내켜하지 않을 것이기 때문에 정책적 개입의 근거가 마련되는 것임.
  • 집진기 설치를 의무화한다거나, 세금을 부과하는 방법
  • 어떠한 유인책을 제공하고 시장에서 스스로 해결되도록 하는 방법, 즉 '탄소배출권'이 그러한 대표적 예임.

(3) 시장유인을 통한 해결책 : 탄소배출권

1) 환경문제에 대한 정부의 직접규제 효과

- 환경문제를 해결하는 방법으로 정부가 기업들에게 공해물질을 배출하지 못하도록 강력하게 규제하는 것을 생각할 수 있으나 이것은 현실적으로 매우 어려운 일임.
  • 기업이 제품을 생산할 때 발생하는 공해물질을 정화하기 위해 많은 돈을 쓰고 그 결과 제품가격이 올라가게 되면서 기업의 생산활동은 위축될 수밖에 없음.

- 한편으로는 사정이 어려운 일부 기업들은 비용을 절약하기 위해 오염물질을 몰래 배출하는 경우도 늘게 될 것임.
- 이렇게 되면 정부는 오염물질 배출을 감시하기 위해 막대한 예산을 들여야 함.

- 이와 같은 현실을 고려해 정부가 각 기업마다 일정한 양의 공해물질만을 배출하도록 일률적으로 규제하는 방법도 생각해 볼 수 있음.
  - 이렇게 되면 높은 정화기술을 가지고 있는 기업들은 공해물질을 많이 줄일 수 있음에도 불구하고 굳이 비용을 들여 정부가 정한 양 이상으로 공해물질을 줄이려는 노력을 하지 않을 것임.
  - 그리고 공해물질 정화시설이나 기술이 부족한 기업의 경우에는 허용된 양을 초과하는 공해물질을 정화하기 위해서 엄청난 돈을 들여야 함.

- 그러나 이와 같이 기준을 일률적으로 적용하는 정부의 직접규제는 기업 간의 차이를 반영하지 못하기 때문에 경제 전체로 볼 때는 비효율적인 결과를 낳게 됨.

2) 탄소배출권

- 오염물질을 배출할 수 있는 권리를 기업들 간에 사고팔 수 있게 하는 탄소배출권 거래제도는 환경보존 목표를 달성할 수 있도록 도와주는 역할을 함.

- 탄소배출권은 보다 시장에 가까운 해결책이라 할 수 있음.
  - 집진기 설치 의무화나 세금 부과는 기업에게 선택의 여지를 주지 않고 법에 의한 강제로 기업의 자체정화 노력 유인을 축소시킬 수 있고 과다한 행정비용을 유발할 수 있음.
  - 그러나 탄소배출권은 시장에 의한 인센티브에 기초하고 있음.

- 정부는 사회적으로 적절한 오염물질의 배출수준을 파악하고 그만큼의 배출권을 발행하고 배출권을 구입할 것인가 말 것인가는 오로지 기업의 몫으로 남겨 놓음.

- 탄소배출권 거래제도는 탄소를 배출하는 기업이나 사업장이 배출할 수 있는 상한을 정하고(cap), 이를 초과(미달)할 경우 배출권을 구입(판매)할 수 있는 탄소시장을 만드는 것이 핵심

- 구체적 사례
  - 연간 10만 톤의 이산화탄소를 배출하는 A와 B 두 기업에게 9만 5천 톤의 배출 상한치가 할당되었다고 하자.
  - 그리고 A기업의 자체 감축비용은 10달러/톤, B기업의 자체 감축비용은 30달러/톤, 배출권의 시장가격은 20달러/톤이라고 가정하자.
  - 이 경우 배출권 거래를 함으로써 A와 B기업 모두 경제적 이득이 발생됨을 확인할 수 있음.
  - 즉 A기업은 자체 감축비용이 5만 달러(목표 감축량, 5천 톤×10달러)인데, 배출권시장 존재 시 목표 감축량보다 초과 감축한 후 잉여 배출권을 판매하면 감축비용은 0(1만 톤을 10달러에 감축한 후 5천 톤을 20달러에 판매)이 됨.
  - 반면 B기업은 자체 감축비용이 15만 달러(목표 감축량, 5천 톤×30달러)인데, 배출권시장 존재 시 5천 톤을 20달러에 시장에서 전량 구입하면 5만 달러의 비용을 절감하게 됨.
  - 결과적으로 배출권 거래를 통해 이산화탄소 감축 부담이 보다 효율적인 감축시설을 갖고 있는 기업 A로 넘겨짐으로써 사회 전체의 비용이 절감됨을 알 수 있음.[119)]

---

119) 이해를 돕기 위해 유사한 사례를 추가로 제시해 보면 다음과 같음. 정부가 100톤의 이산화탄소 방출 목표를 정해 두고 탄소배출권을 기업에게 10톤씩 나누어 준 후, 이를 시장에서 자유롭게 사고팔 수 있도록 허용하는 경우를 생각해 보자. 기업 A는 원래 20톤의 이산화탄소를 배출하고 있었는데 허용된 기준은 10톤이므로 초과되는 10톤을 줄여야 함. 그런데 10톤의 이산화탄소 배출량을 줄이기 위해 1억원이라는 돈이 든다면 어떻게 해야 할까? 한편 기업 B는 공해물질을 정화하는 특별한 기술을 가지고 있어 비용을 조금만 들이고도 쉽게 배출량을 줄일 수 있어 정부가 배정한 10톤보다 적은 5톤의 이산화탄소만 배출하고 나머지 5톤의 배출권은 시장서 판매할 수 있음. 제품 생산량이 많지 않은 기업 C의 경우에도 공해물질이 적게 발생하여 기업 B와 마찬가지로 5톤의 배출권을 팔 수 있음. 이 경우 기업 A는 10톤의 탄소배출권을 시장에서 구입하는 가격이 정화설비에 드는 비용인 1억원보다 낮다면 기업 B와 C가 공해배출권 시장에 내놓은 10톤의 배출권을 사면 됨. 여기서 탄소배출권의 가격은 각 기업의 정화비용 등을 감안하여 시장에서 자율적으로 공정하게 결정될 것임. 이와 같이 탄소배출권 제도

(4) 최적배출량과 적정 배출권가격의 설정이 관건

- 문제는 최적배출량이나 배출권가격을 어떻게 설정하느냐 하는 것임.
  - 만약 자동차의 최적생산량이 연간 1만 대이고 1만 대째의 자동차를 생산할 때 2만원 어치의 환경오염을 가져온다는 것을 알아낼 수만 있다면, 자동차 한 대 생산 시 2만원의 배출권을 사도록 하면 될 것임.
- 배출권을 어떠한 기준으로 분배하느냐 하는 것도 중요
  - 영국에서 최근 검토되고 있는 '탄소 소비 정량제'의 경우, 1년치 온실가스 배출 통제목표를 정해 인구수로 나눈 한 사람이 소비할 수 있는 배출량을 설정
  - 사람들은 자동차에 가솔린을 넣거나 비행기를 탈 때 자신의 '탄소카드'를 제시
- 세계 각국에서는 배출권 시장을 통해 배출권 획득뿐 아니라 배출권 매매로 경제적 이익을 극대화하려 하고 있음.
- 우리나라는 세계 10위의 온실가스 배출국이면서 2012년까지 감축 의무를 유예받고 있음.
  - 대체에너지 개발과 분야별 온실가스 감축사업을 추진해 나가면서, 동시에 배출권 거래 등을 활용해 비용 측면에서의 효율성을 높이는 것도 고려해 봐야 함.

(5) '탄소시장'의 등장

- 지구 온난화를 막기 위한 국제적 의지의 산물로 교토의정서[120]가 채택됨에 따라 국가별로 온실가스 감축 의무가 부여되었음.
- 국가별로 이 과제를 수행해 내기 위하여 여러 조치들을 시도하는 과정에서 자연스럽게 '탄소시장'이 생겨났음.

는 오염물질 정화능력이 뛰어난 기업들로 하여금 오염물질을 더 많이 정화하고 남는 배출권을 시장에서 팔 수 있도록 함으로써 환경문제를 보다 효율적으로 해결하기 위해 고안된 제도임.

120) 1997년 일본 교토에서 열린 제3차 기후변화협약의 구체적 이행방안으로 채택

(6) '탄소시장'의 성립 배경

- 교토의정서는 온실가스를 의무적으로 줄여야 할 나라[121]를 정하고, 2008 ~2012년 사이에 온실가스 총배출량을 1990년 수준보다 평균 5.2%[122] 감축하도록 했음.
  - 해당국은 온실가스 감축을 위한 조치를 취해야 하며, 에너지효율 향상, 온실가스의 흡수원 및 저장원 보호, 신·재생에너지 개발·연구 등도 여기에 포함됨.
  - 단, 감축 의무를 자국 내에서만 이행하는 데는 한계가 있음을 인정하여 배출권거래(ET)[123], 청정개발체제(CDM)[124], 공동이행(JI)[125] 등 유연성체제(교토메커니즘)를 도입하였음.
  - 이러한 과정 속에서 2002년 영국에서 최초로 탄소배출권을 사고팔 수 있는 시장이 개설되었음.

- 정리하면 탄소시장은 에너지소비기업, 배출권 지원서비스 기업 등이 온실가스 할당량 대비 잉여분 및 부족분을 거래하는 시장임.
  - 기본적으로는 탄소배출권을 거래하는 시장이지만 관련 사업 전반을 포괄하는 광의의 시장 개념으로도 쓰임.

(7) 탄소시장 운영 메커니즘

- 탄소시장에서는 온실가스 감축사업 등록을 한 업체가 공급자가 되고, 한국전력과 발전회사, 지역난방공사와 수자원공사 등 에너지 관련 공기업 등이 수요자가 됨.

---

121) 오스트레일리아, 캐나다, 미국, 일본, EU 회원국 등 38개국

122) 캐나다 6%, 영국 12.5%, 독일 21% 등의 감축 목표량이 할당되었음. 캐나다의 경우 할당된 6%에 따라 연간 총 5억7천만 톤을 배출할 수 있으나, 2010년경 배출량이 8억1천만 톤으로 예상되어 약 2억4천만 톤이 초과될 전망임.

123) 감축의무가 있는 선진국 간에 배출권쿼터의 거래를 허용

124) 선진국이 개도국에 투자하여 획득한 온실가스 감축량을 투자국 감축량으로 인정

125) 선진국 A가 선진국 B에 투자하여 획득한 온실가스 감축량을 A국 배출 저감실적으로 인정

• 즉 감축사업 등록을 하여 감축사업을 추진한 기업은 인증기관의 검증을 통해 감축 실적을 인정(배출권)받아 그 권리를 판매할 수 있고, 한국전력 등 정부와 신재생에너지 공급협약을 맺은 공기업이 신재생에너지 공급량을 충족하지 못해 온실가스 발생이 기준량을 초과할 경우 배출권을 구매하는 것임.

(8) 탄소시장 규모

- EU는 2005년 1월 세계 최대 탄소시장인 ETS를 개설하여 현재 ETS 내에서 약 82억 유로 규모의 배출권이 거래되고 있고, 유럽의 주요 거래소(영국 ECX, 노르웨이 노드풀, 프랑스 파워넥스트카본)에서 전 세계 탄소거래의 80%가 행해지고 있음.

- 미국의 경우 시카고기후거래소(CCX)를 중심으로 거래가 이뤄지고 있는데, 최근 뉴욕증권거래소(NYSE) 유로넥스트가 탄소배출권 거래소 개설을 추진하고 있음.

- 2007년 기준 세계 탄소시장의 규모는 600억 달러(약 56조7천억원)에 달하는 것으로 추정됨. 세계은행은 탄소시장 규모가 2010년경 1,500억 달러로 급성장할 것으로 내다보았음.[126)]

(9) 우리나라의 실정

- 2008년 3월 31일 현재 우리나라가 유엔에 등록한 청정개발체제(CDM) 사업은 17개, 이를 통해 감축 가능한 이산화탄소의 양은 1,435만6천 톤으로 전 세계 감축량 1억9,711만3천 톤(974개 사업)의 7.28%를 차지하고 있으며 중국과 브라질, 인도에 이어 세계 5위를 기록하고 있음.

- 정부는 온실가스 규제와 국내 배출권 거래시장 개설, 배출권 거래소 도

---

126) 2008년 8월 기준으로 1톤당 20유로(1유로는 1,500원 정도)로 거래, 가격이 계속 상승추세임.

입 등을 강구, 국내 탄소배출권 시장을 2012년까지 1조원(2007년 1,400억원)으로 확대할 방침이라고 밝혔음.[127]

참 | 고 | 자 | 료

(1) 이지은(2007), "환경문제 해결 방안 '시장'에서 찾다", 《"click" 경제교육》, 한국개발연구원, 2007. 3.

(2) 이지은(2008), "보이지 않는 또 하나의 시장, 탄소시장", 《"click" 경제교육》, 한국개발연구원, 2008. 5.

(3) 2007. 2. 10., 《매일경제》

(4) 이해인(2007), "환경과 공해배출권", 한국은행 경제교육 청소년 경제나라(Teens 경제), 한국은행 부산본부, 2007. 7. 30.

(5) 2008. 8. 7., 《서울신문》

127) 교토의정서 체제하에서 우리나라는 개발도상국으로 분류돼 온실가스 감축대상 국가에서 제외됐지만, 발리로드맵(2007년 말 인도네시아 발리에서 폐막된 제13차 기후변화협약 당사국총회에서 채택)에 따라 2013년 포스트교토체제부터는 온실가스 감축 의무를 지게 됨.

15
시장의 실패와 정부의 기능

(1) 시장이 항상 효율적이지만은 않아

- 시장에서는 돈을 벌려는 사람과 필요한 것을 구하려는 수많은 사람들이 각자의 이익과 만족을 최대화하기 위해 여러 가지 활동을 하지만, 누구의 지시나 명령이 없더라도 각자의 이해가 절충되고 조화를 이루는 것을 보면 놀랍기만 함.
- 시장에서의 이러한 질서와 조화를 영국의 경제학자 아담 스미스는 시장의 '보이지 않는 손'에 의해 그런 일들이 이루어진다고 설명하였음.
  - 즉 시장경제하에서는 시장에서 자율적으로 결정되는 가격에 의해 사회 전체적으로 가장 효율적인 생산과 소비가 이루어짐.
- 그러나 경우에 따라서는 시장이 제대로 작동하지 못해 사회 전체적으로 바람직하지 못한 결과를 가져오는 경우도 있음.
- 이와 같이 상품이나 서비스의 특성 등으로 '보이지 않는 손'이 제대로 작동하지 못하여 시장에 의한 자원배분이 효율적으로 이루어지지 않는 일이 종종 생김.[128)]
- 이 같은 경우를 시장이 효율적으로 작동하는 데 실패한다는 의미에서 시장실패(market failure)라고 함.
  - 즉 시장은 효율적이고 좋은 것이나 완벽하지는 않다고 할 수 있음.

---

128) 자원이 효율적으로 배분된다는 것은 무슨 뜻일까? 유한한 자원은 낭비하지 않고, 꼭 필요한 사람이 사용할 수 있도록 할 때 자원이 효율적으로 배분되었다고 말할 수 있을 것임. 시장경제는 이러한 효율적 배분이 시장의 가격기능에 의해 달성된다고 보는 것임.

(2) 시장실패의 원인

- 시장실패를 시장 자체가 존재하지 않는 것으로 정의하는 것은 아래 표를 볼 때 부분적으로 맞는 현상임.
  - 시장이 존재하더라도 시장실패가 발생할 수 있기 때문
  - 그렇기 때문에 시장실패는 시장 존재의 유무로 구분하기보다는 가격기능이 제대로 작동하지 못하는, 그래서 적재적소에 원하는 사람에게 가장 저렴하게 제공되지 못하는 상황을 가리키는 것임.

〈표 시15-1〉 시장실패 원인별 가격과 시장

원 인	가 격	시 장
불완전경쟁	균형가격보다 높은 가격	유
외부효과	균형가격보다 높거나 낮은 가격	유
정보비대칭	가격 불완전 또는 부재	불완전 또는 무
공공재	무임승차로 가격 부재	무

1) 독과점시장의 경우

- 시장에서 어떤 상품을 만드는 기업이 하나만 있는 경우를 독점이라고 하고 소수인 경우를 과점이라고 하는데, 이러한 독과점시장에서는 경쟁이 제대로 이루어지지 않고 수개의 기업이 상품의 가격과 생산량을 마음대로 정하기 쉽게 되어 상품의 가격은 높아지는 반면 공급량은 줄어들게 됨.
- 또한 독과점기업은 자신의 우월적 지위를 이용하여 독점적인 인기상품에 인기가 없는 상품을 끼워서 파는 등 소비자에게 불리한 거래를 강요하기도 함.
- 이와 같이 시장에서 공정한 경쟁이 이루어질 수 없는 상황에서는 자원이 효율적으로 배분되지 못하는 결과를 가져오게 함.

2) 공공재의 경우

- 국방이나 치안 또는 공원과 같이 여러 사람의 공동 소비를 위하여 생산된 재화와 서비스를 공공재라고 함.

- 공공재는 어떤 사람이라도 무료로 이용할 수 있고 누구는 이용할 수 없다고 제한하기도 어려움.

- 이러한 공공재를 이용할 경우 사람들은 혜택을 얻지만 이에 대한 비용은 지불하지 않으려는 무임승차자(free-rider) 문제를 일으킴.
  - 예를 들어 집 앞에 가로등이 설치되면 그 길을 다니는 모든 사람이 혜택을 누리게 되지만 집 주인만 그 비용을 부담하라고 한다면 자기도 남의 집 앞에 설치된 가로등을 무료로 이용할(무임승차할) 생각으로 비용을 부담하면서 가로등을 설치하려고 하지 않을 것임.

- 이와 같이 공공재의 공급을 시장에 맡길 경우 무임승차자 문제로 인해서 아무도 공급하려고 하지 않을 것이므로 사회적으로 필요한 만큼 공급되기를 기대하기가 어렵게 됨.

3) 외부효과의 경우

- 어떤 개인이나 기업의 경제활동이 다른 사람이나 기업에게 영향을 미치지만 이에 대해 대가를 요구하거나 비용을 지불하지 않는 경우 외부효과(external effects)가 발생한다고 함.

- 외부효과는 다른 사람에게 이익을 주는 경우도 있고 손해를 주는 경우도 있음.[129)]
  - 예를 들어 큰길가의 꽃집에서 나오는 그윽한 향기가 그 꽃집 앞을 지

129) - 긍정적 외부효과 : 항상 웃고 다니는 사람으로 주위 사람이 행복한 경우, 한 기업의 기술개발로 사회 전체의 기술수준이 향상된 경우
- 부정적 외부효과 : 합동공연장에서 자기가 보고 싶은 가수의 공연이 끝나자 바로 자리를 떠 다른 가수와 팬들에게 불쾌감을 주는 경우, 아파트 위층의 소음으로 아래층 거주자가 피해를 보는 경우

나다니는 많은 사람들에게 그윽한 향기로 즐거움을 선사한다면 꽃집 주인은 사람들에게 혜택을 주는 외부효과를 발생한 셈임.

• 그러나 이 꽃집 주인은 꽃 생산으로 인한 외부효과의 대가를 사람들에게 요구할 수 없으므로 사회가 필요한 수준보다 덜 생산할 수밖에 없음.

• 이와는 대조적으로 자동차를 생산하는 기업은 환경오염과 같은 외부효과를 발생시키지만 생산활동에 관한 의사결정을 할 때 이 기업은 사회에 해를 끼치는 환경오염의 비용은 감안하지 않고 자동차를 생산하는 데 따른 비용만을 고려함.

• 그러나 자동차 생산의 사회적 비용은 이 기업의 자동차 생산비용에 환경오염의 비용을 합한 것과 같게 됨.

• 이처럼 사회적 비용을 증가시키는 외부효과(외부불경제)가 있을 경우 사회 전체의 비용은 개별기업의 사적 비용보다 크며, 개별기업은 사회적 비용보다 적은 사적 비용을 고려하여 생산규모를 결정하기 때문에 이 기업의 생산량은 사회 전체적으로 바람직한 수준을 초과하게 됨.

- 이와 같이 외부효과가 있을 경우 자원배분이 효율적으로 이루어지기 어렵게 됨.

4) 정보를 제대로 알 수 없는 경우

- 시장에서 거래에 관한 정보를 제대로 알 수 없는 경우에도 시장의 실패가 발생[130]

130) 부연설명을 위해 정보비대칭 상황에서 발생하는 역선택이 왜 시장실패를 가져오는지 살펴보기로 하자. 역선택은 거래상대방에 대한 정보가 부족한 상황에서 바람직하지 못한 상대방과 거래를 할 가능성이 높은 현상을 가리킴. 중고차 시장을 예로 들어 보기로 하자. 정보비대칭 상황에서 소비자는 외형만 보고는 중고차가 레몬(불량품)인지 아닌지 모르기 때문에 레몬과 레몬이 아닌 것의 중간 정도의 값에서 차를 사고자 함. 이때 레몬 중고차의 주인은 차의 가치보다 더 높은 가격에 차를 팔 수 있으므로 거래를 원하지만 레몬이 아닌 차의 주인은 제값을 받지 못하기 때문에 거래를 하려고 하지 않음. 결국 소비자는 레몬인 중고차를 차의 가치보다 더 높은 가격을 주고 사게 됨. 그리고 이는 레몬이 아닌 중고차가 시장에서 거래되지 않는 상황을 만들어 버릴 것임. 시장이 효율적으로 작동을 하면, 즉 상대방에 대한 정보가 완전하다면 레몬을 사려는

- 이러한 정보의 유통 부족으로 인해 발생되는 대표적인 문제로는 역선택(adverse selection)과 도덕적 해이(moral hazard)를 들 수 있는데, 중고차 시장의 경우를 예로 들면 다음과 같음.
  - 중고차를 사려는 사람과 팔려는 사람이 서로 중고차의 성능에 대해 잘 안다면 적정한 가격에서 거래가 이루어질 것임.
  - 그러나 대부분의 경우 중고차를 팔려고 하는 사람은 그 차의 사고발생 사실이나 나쁜 성능에 대해서는 알려주지 않음(도덕적 해이).
  - 그렇게 되면 차를 사려는 사람은 그 차가 실제보다 성능이 더 좋은 것으로 착각하고 실제보다 더 비싼 가격을 치르고 구입할 수도 있음(역선택).

- 이런 일이 거듭되다 보면 좋은 차들은 중고차 시장에서 자취를 감추고 나쁜 차들만 넘치게 될 것임.

(3) 시장실패와 정부의 역할

- 지금까지 살펴본 것처럼 독과점시장과 같이 경쟁이 제한적이거나 또는 재화의 공공재적 성격이나 외부효과가 있는 경우 등에서는 시장이 효율적으로 작동할 수 없음.

- 이와 같은 시장의 실패로 개인의 이익과 사회 전체의 이익이 조화를 이루지 못하고 자원배분이 효율적으로 이루어지지 못할 경우 정부는 시장에 개입하여 시장의 기능을 보완할 필요가 있음.

- 이를 위하여 정부는 개인이나 기업들이 시장에서 공정한 경쟁을 할 수 있도록 여러 가지 규칙과 제도를 만들어 그것을 잘 지키도록 감시하게 됨.
  - 공장의 매연이나 폐수와 같은 바람직하지 못한 외부효과를 줄이기 위

사람, 팔려는 사람, 레몬이 아닌 것을 사려는 사람, 팔려는 사람은 각각 자신의 욕구에 맞게 거래를 할 수 있음. 이런 상황에서는 거래를 통한 이익도 극대화될 것임. 또한 희소한 자원도 원하는 사람에게 효율적으로 배분될 것임. 그런데 정보가 비대칭적인 상황에서는 시장규모가 축소되거나(소수의 소비자 및 판매자 존재), 극단적인 경우 시장이 존재하지 않게 됨. 따라서 자원의 효율적 배분이 이뤄지지 않음.

해 오염물질 허용기준을 정하거나 폐수처리 시 부담금을 물리도록 하는 등 환경보호를 위한 정책을 시행

- 경제 전체적으로 좋은 효과를 가져다주는 기술개발 등을 장려하기 위해 장려금을 지원
- 또한 공공재는 이윤을 목적으로 하는 시장에서는 효율적으로 생산되고 공급되기 어려우므로 정부가 세금을 거두어 필요한 만큼 공급하거나 민간기업에 보조금을 주어 공공재의 생산을 유도

관련사항

▣ 정보의 비대칭성은 합리적 선택을 막아

1) 중고차시장에서의 차량 구매 사례

- 우리는 주변에서 중고차시장에서 산 차는 사고경력이 있거나 고장이 잦을 거라고 의심하는 사람을 많이 보는데, 왜 그럴까?
- 중고차시장에서 차량을 구매하려고 하는 A씨는 사고경력이 없는 좋은 차는 500만원에, 사고경력이 있는 나쁜 차는 300만원까지 지불할 용의가 있고 이 가격은 판매자 입장에서도 마찬가지라고 하자.
- A씨는 가격에 적합한 수준의 차량을 구매하려고 하겠지만 실제로는 겉모습만 보아서는 좋은 차인지 나쁜 차인지 구별할 방법이 없음.
- 결국 그는 확률이 반반이라는 생각에 400만원의 가격을 제시하고 이에 응한 차량을 구매하지만 나쁜 차를 400만원에 구매했을 가능성이 큼.
  - A씨와 달리 판매자는 자신이 팔려고 내놓은 차가 어떤 상태인지 잘 알기 때문에 좋은 차를 내놓은 사람은 400만원에 팔려 하지 않을 것이고, 반면 나쁜 차를 내놓은 사람은 주저 없이 차를 넘겨줄 것이기 때문임.

- 이와 같은 일이 반복된다면 결국 중고차시장에서는 좋은 차는 사라지고 나쁜 차만 남게 될 것임.
  - 이런 일이 발생하는 이유는 판매하려는 사람이 구매하려는 사람에 비해 차량의 상태에 대해 더 잘 알고 있기 때문

2) 정보의 비대칭성과 역선택

- 경제학에서는 이와 같이 한쪽이 다른 한쪽에 비해 보다 많은 정보를 알고 있는 것을 '정보의 비대칭성'이라고 하고, 이로 인해 A씨처럼 잘못된 구매를 하는 것을 가리켜 '역선택'이라고 함.

- 역선택 현상은 사례와 같이 거래를 위축시키고 사회 전체적으로 이익을 감소시킨다고 볼 수 있음.

- 그렇다면 중고차 시장이 사라지지 않고 있는 이유는
  - 실제 중고차시장에서는 정보비대칭성 문제를 완화시켜 구매자들이 역선택을 하지 않도록 도와주는 다양한 장치들을 갖고 있음.
  - 중개회사를 통해 전문가의 점검과 확인으로 적정한 차량의 가격을 산정하여 제시하거나 판매자가 일정기간 동안 무상수리를 약속하는 보증서를 발급하는 등 자신의 중고차에 대한 정보를 상대방에게 지속적으로 보냄으로써 구매자는 이를 믿고 거래토록 하여 거래가 지속될 수 있는 것임.

참 | 고 | 자 | 료

(1) 안형순(2007), "시장실패와 정부의 기능", 한국은행 경제교육(경제기초원리), 2007. 5. 23.
(2) 신준영(2007), "정보의 비대칭성", 한국은행 경제교육(시사경제), 한국은행 강원본부, 2007. 5. 8.
(3) 유성임(2007), "역선택이 시장실패인 이유", 《"click" 경제교육》, 한국개발연구원, 2007. 7.

16

정부실패의 사례

시장실패가 발생했을 때 정부는 이를 보완하기 위해 시장에 개입하지만 그 결과가 항상 좋은 성과로 나타난다고 보장할 수는 없는데, 정부의 개입이 시장의 실패보다 더 큰 부작용을 낳게 될 경우, 이를 가리켜 시장실패와 대비해 정부실패라고 함.

(1) 정부실패의 이유

- 첫째, 정부의 불완전한 지식과 정보에 있음.
  - 정부가 시장에 개입해 성과를 거두기 위해서는 시장에 관한 모든 지식과 정보를 가지고 있어야 하지만, 이것은 현실적으로 불가능
- 둘째, 정치적 과정에서의 제약이 있음.
  - 정책수립 시 상반된 이해관계를 갖고 있는 집단들이 정치적으로 타협을 모색하는 과정에서 본래의 의도와 달리 엉뚱한 방향으로 정책이 변질될 가능성이 있음.
- 셋째, 관료집단의 사익추구가 있을 수 있음.
  - 관료들은 국민의 이익을 위해 일해야 하지만 이들도 사람이므로 자신들의 이익을 우선적으로 추구할 가능성이 있음.

(2) 정부실패의 사례

1) 사회보장제도

- 정부가 국민들의 최소한의 인간다운 생활을 보장하기 위해 실시하는 각

종 사회보장제도가 오히려 일할 능력이 있는 근로계층의 근로의욕을 저하시키거나(저소득층 소득보전제도, 고용보험), 방만한 운영으로 적자를 증가시키기도(국민연금, 의료보험) 함.

2) 최저임금제도

- 저임근로자들의 최저임금을 보장해 주기 위해 실시하는 최저임금제는 오히려 이들의 실업을 증가시키는 부작용을 낳기도 함.

3) 농산물가격유지제도

- 균형가격보다 높게 책정된 가격으로 인해 초과공급이 발생하는데도 농산물가격유지제도 때문에 농부들은 공급을 줄이려는 유인을 찾지 않음.

4) 최고가격제

- 생필품 가격의 안정을 위해 실시한 최고가격제가 생필품의 공급감소를 가져와 품귀현상을 유발하고, 암시장을 활성화시키기도 함.

5) 임대료 규제

- 임대료 통제의 경우 임대료를 시세보다 낮게 책정하게 함으로써 도시의 슬럼화를 조장한 사례도 있음.

6) 과외금지

- 1980년대 초 사교육비를 줄이기 위해 과외를 금지시키자 오히려 비밀 고액 과외가 성행하기도 했음.

7) 고교 내신반영 비율의 확대

- 공교육 정상화를 위해 대입에서 고교 내신의 반영비율을 높이자 사교육이 더욱 극심해졌다는 보도도 있었음.

(3) 시사점

- 자원을 효율적으로 배분해 주는 시장기능이 만능이지 못해 정부의 시장개입을 정당화하고 있으나, 정부개입이 또한 모든 문제를 해결해 주지는 못하고 있음.

- 따라서 정부의 실패를 최소화시키려는 노력이 필요한데, 이와 관련해 이른바 '작은 정부론'을 주장
  - 이를 위해 정부사업으로 운영해야 할 당초 목적이 그 기능을 다했거나 상실한 경우에는 그 사업을 민간에 맡기거나 민간부문과의 경쟁체제를 도입하는 등 시장기능을 강화시켜 나가고 있음.

참|고|자|료

(1) 유성임(2007), "정부실패의 구체적 사례", 《"click" 경제교육》, 한국개발연구원, 2007. 5.

찾아보기

ııı 저자약력 ııı

■ **이 종 호(李鍾昊)**

- 고려대학교 문과대 영문학과(학사)
- 고려대학교 대학원 경제학과(석사)
- 고려대학교 대학원 경제학과(박사)
- 고려대, 동국대, 숭실대, 홍익대, 인천대, 동덕여대 등 강사
- 고려대학교 경제연구소 전문연구원 역임
- 경민대학 관광경영과 교수(학과장) 역임
- (주)경기북부신문사 논설위원 역임
- 의정부포커스신문 집필위원 역임
- 서울신문 명예논설위원
- 경기도 지속가능 발전위원
- 의정부시 지방재정계획 및 지방재정공시 심의위원
- 의정부시 사회단체보조금 심의위원
- 경기도 민방위 소양강사(경제담당)
- 경기도립의료원 의정부병원 공공보건의료 심의위원
- 경기북부병무지청 병무행정발전 시민참여위원
- 도봉구 의정비 심의위원
- 현재 경민대학 자치행정과 교수

- 주요 논문 및 저서
  - 《관광사업론》(공저, 1998)
  - 《관광경제학》(역서, 2000)
  - 《영문법의 이해》(2002)
  - 《e-세대를 위한 경제교실》(2002)
  - 《시사영어산책》(2006)

  - 〈환율과 수출가격〉(1993)
  - 〈VAR체계를 이용한 경상계정 분석〉(1994)
  - 〈호텔종사원 직무특성별 직무만족에 대한 수량화분석〉(1998)
  - 〈호텔종사원 교육훈련에 관한 연구〉(2000)
  - 〈한국산업의 국제경쟁력패턴 분석〉(2001)
  - 〈신자유주의와 노동시장 유연화 논쟁〉(2003)
  - 〈다국적기업의 M&A에 대한 중국의 제도 분석〉(2004)
  - 〈문화자원의 개발을 통한 지역활성화 전략〉(2004)
  - 〈토지거래허가제의 정책효과에 관한 실증연구〉(2007) 등 다수

기초경제학 ①
미시경제 이야기

1판 2쇄 발행 2011년 2월 25일

저 자 이 종 호
발행인 남 승 우

발행처 **남두도서**
서울시 동작구 사당로9가길 6(사당동 220-43)
TEL : (02) 595-1692~4
FAX : (02) 595-1394
E-mail : namdoo6@unitel.co.kr
신고 : 5-76호 (1998. 11. 4)

정가 15,000 원

ISBN 978-89-5780-117-8 13320
ISBN 978-89-5780-116-1 (전3권)